これからの高齢者介護

十六総合研究所
提言書

目 次

はじめに 4

1. 高齢者介護を取り巻く情勢 8
    1.1. 人口構成の変化とその影響 9
        1.1.1. 少子高齢化の進展 9
        1.1.2. 2025年問題と2040年問題 11
        1.1.3. 介護人材の不足 12
    1.2. 高齢者介護の現状と諸問題 17
        1.2.1. 高齢者の増加がもたらす介護負担の増加 17
        1.2.2. 社会保障給付費の増加と財政の健全性 20
        1.2.3. 家庭における介護負担と仕事と介護の両立 22
        1.2.4. 介護にかかる費用 25
        1.2.5. 介護施設の現状 27
        1.2.6. 高齢者介護に関する情報 29
    1.3. 地域包括ケアの推進 31
        1.3.1. 地域包括ケアシステムとは 31
        1.3.2. 地域包括支援センターの役割 32

2. 高齢者介護に関する意識調査 42
    2.1. 高齢者介護に関する意識 43
        2.1.1. 介護を受けるにあたっての心配 43
        2.1.2. 介護する場合と介護される場合の意識の差 45
        2.1.3. 介護の負担が大きくても在宅介護を選択する理由 47
        2.1.4. 希望する介護者（介護内容別） 48
        2.1.5. 外国人介護人材から介護を受けることについて 49
        2.1.6. 介護予防に関する認識 50
    2.2. 社会的な視点から見た高齢者介護 51
        2.2.1. 将来の高齢者介護に望むもの 51
        2.2.2. 地域の見守り 52
    2.3. 高齢者介護に関する知識 53
        2.3.1. 介護の制度・概念・用語の認知度 53

3. 提言 これからの高齢者介護 … 58
3.1. 「五方よし」の高齢者介護 … 58
3.2. 地域住民の皆さまへの提言 … 61
3.2.1. 望まぬ介護離職の回避 … 61
3.2.2. 地域包括ケアシステムを活かした介護 … 64
3.2.3. 介護で困ったときは地域包括支援センターへ相談を … 66
3.2.4. 地域のつながりを大切にしよう … 69
3.2.5. 介護を受ける人々の生活や人生を輝かせる介護職 … 89
3.2.6. 外国人を地域で受け入れ日本を「選ばれる国」に … 91
3.2.7. 介護サービス利用時のマナー向上 … 94
3.2.8. 介護に備える意識を持つ … 95
3.2.9. 認知症の人に寄り添う … 99
3.2.10. 権利擁護の制度を知る … 101
3.3. 地域の企業への提言 … 106
3.3.1. 仕事と介護の両立支援 … 106
3.3.2. 地域福祉への自発的な貢献 … 110
3.4. 介護サービス事業者への提言 … 111
3.4.1. 介護職員の処遇改善 … 111
3.4.2. 分業とタスクシフティングの推進 … 113
3.4.3. 外国人介護人材の積極的活用 … 115
3.4.4. 介護テクノロジーの利用 … 118
3.5. 公的部門（国、都道府県、市区町村）への提言 … 121
3.5.1. 介護に関する情報の周知と介護予防の促進 … 121
3.5.2. 認知症の人もその家族も、誰もが社会参加できる地域を … 124
3.5.3. 外国人介護人材の誘致と定着 … 125
3.5.4. 高齢者介護サービスの持続可能性のためにイニシアチブを … 126
4. 特別インタビュー … 130
おわりに … 138

はじめに

　少子高齢化が進む日本社会において、高齢者介護のあり方は私たち一人ひとりに関わる重要な課題となっています。平均寿命の延伸により、多くの人が人生の最終章で、何らかの介護を必要とする時代になりました。また、親や配偶者など家族の介護に直面する可能性も高まっています。「介護を受ける側」、「介護をする側」のどちらの立場にあっても、充実した安全・安心な生活を送ることができる社会の実現は、全ての国民の希望と言えるのではないでしょうか。

　介護保険制度が始まって四半世紀が経ちました。かつては「介護は自宅で家族が行うもの」という考え方が一般的でしたが、核家族化や女性の社会進出、少子高齢化といった社会情勢が変化するなか、介護保険制度が普及して、「介護は社会全体で支える」という考え方が徐々に浸透してきました。
　一方で、介護保険制度をはじめとする社会保障制度は今、大きな岐路に立っています。介護を必要とする高齢者の増加と生産年齢人口の減少という構造的な問題により、社会保障費の増大や介護職員の不足などが生じており、介護保険制度や地域における介護システムの持続可能性が危惧されているのです。2025年には団塊の世代が全員75歳以上となり、2040年には団塊ジュニア世代が65歳以上になるという、いわゆる「2025年問題」「2040年問題」の節目を機に、私たちは今、これからの高齢者介護のあり方を、今まで以上に「自分ごと」として深く考えていく必要があるのではないかと考えます。

　十六総合研究所は、一昨年度の「地域公共交通」、昨年度の「地域医療」に続き、今年度は「高齢者介護」について調査研究を実施し、本提言書をまとめました。公共交通、医療、介護は、いずれも地域における人々の生活に不可欠な分野です。しかし、それを支える人材の不足、需要と供給のミスマッチ、財政上の問題などにより、一部ではこれらの維持・存続が危ぶまれ、生活の維持が困難になりつつある地域も増えています。地域における、人々の安全・安心な暮らしの存続のためにも、今こそ次の世代を見越した対応が必要です。

　本提言書では、高齢者介護の持続可能性を高め、私たちの生活をより良いものとするための処方箋を提示します。私たちが目指すものは、効率性だけではなく、人間性の尊重を中心に据えた高齢者介護のあり方と、それを可能にする共生社会（すべての人がお互いの人権や尊厳を大切にし、支え合い、誰もが生き生きとした人生を送ることができる社会）の実現であると考えます。

　本書の構成は以下のとおりです。

第1章：高齢者介護を取り巻く情勢
　高齢者介護を取り巻く情勢について概観します。人口構造の変化や介護人材の不足、社会保障給付費の増加、家庭における介護負担、介護施設の現状など、日本の高齢者介護が直面する課題を多角的に分析します。また、地域包括ケアシステムの枠組みについて解説し、地域包括支援センターの取り組み事例を紹介します。

第2章：高齢者介護に関する意識調査

　高齢者介護に関する意識調査の結果を報告します。岐阜県、名古屋市、全国の計2,040人を対象に実施したウェブアンケートから、介護を受けるにあたっての不安や、介護する場合と介護される場合の意識の差、外国人介護人材に対する意識、介護予防のへの関心度、介護の制度・概念・用語の認知度など、さまざまな角度から人々の意識や考え方を分析します。

第3章：提言　これからの高齢者介護

　これからの高齢者介護のあり方について提言を行います。「五方よし」の考え方を軸に、地域住民、企業、介護サービス事業者、公的部門（国・都道府県・市区町村）それぞれに、今後の取り組みにあたっての方向性を提言します。望まぬ介護離職の回避、地域包括ケアシステムの活用、介護に備える意識、要介護者の権利擁護、介護職員の処遇改善、外国人介護人材の活用、介護テクノロジーの導入、介護予防の促進など、課題は多方面にわたります。また、岐阜県白川村でのフィールドワークをもとに、住民同士のつながりに支えられた高齢者介護のあり方も紹介します。

第4章：特別対談

　2024年度提言書アドバイザーを委嘱しております、中部学院大学人間福祉学部の飯尾良英教授へのインタビューを通じて、専門家の視点から見た高齢者介護の課題と展望についてご紹介します。

　高齢者介護の問題は、特定の人々だけで解決できるものではなく、地域や国全体で取り組むべき社会的な課題です。私たちがこれを「自分ごと」として捉え、当事者意識をもって積極的に取り組んでいくことにより、いっそう生き生きと充実した老後を迎えることができるのではないかと感じています。本書がいささかなりとも皆さまの興味と関心に留まり、「これからの高齢者介護」を考えるにあたっての議論の端緒となることを願っています。

　末筆ながら、高齢者介護の最前線で活躍されている皆さまや、「大切な人」の幸せな日常を支えるケアラーの皆さまに、心より敬意を表します。

2025年4月

株式会社十六総合研究所

※ 高齢者という用語には統一された定義は存在しませんが、公的統計や社会保障制度（医療保険・介護保険など）においては、65歳以上の人々を高齢者と分類することが一般的です。本書もその分類に準拠していますが、平均寿命や健康寿命の延伸を背景に、この定義の見直しが必要であるとの指摘もなされています。

表紙・イラスト：伊藤香澄（岐阜市在住）

陽だまりの瞬間

終わりの見えない介護の道
時間もお金も、行く先すらわからず
気が付けば、目の前のことで精いっぱい

でも、ときどきだけど
あったかくて、なごやかで
優しい香りが漂い、パステルカラーの色彩が広がる

そんな陽だまりのような瞬間があるから
私たちはみんな深呼吸して、少しだけ微笑んで
明日へ向かって足跡を刻むのでしょう

そんな愛に満たされた一瞬を、表紙にしていただきました。

第1章

高齢者介護を取り巻く情勢

第1章 高齢者介護を取り巻く情勢

　現在では高齢者の生活や介護に不可欠となった介護保険制度は、2000年に開始され、今年で四半世紀を迎えました。それ以前の社会福祉制度は、行政が一方的にサービスの利用や内容・提供機関を決定する「措置制度」であり、利用者の費用負担は所得により異なりました。当時の高齢者の中には、自分の希望するサービスが選べないことや、所得調査が必要になること、税金でサービスを受けることなどに心理的な抵抗を感じ、介護サービスの利用を躊躇する人もいました。また、「親の介護は長男（跡取り）とその妻が自宅で担うべき」という伝統的な考え方が一般的な地域も多かったと思われます。

　措置制度から利用契約制度への転換となった介護保険制度の導入は、日本人の介護観、特に高齢者介護に対する考え方に大きな変化をもたらしました。現在は介護保険料を40歳になった月から生涯にわたって支払う必要がある代わりに、介護が必要になった際には、自ら主体的にサービスを選択し事業者と契約を交わすことで、誰に遠慮することもなくサービスを利用できます。さらに、介護保険制度の開始に伴い、多くの民間企業が介護事業に参入したことで、利用できるサービスの選択肢も広がりました。老人ホームのような施設や在宅介護の充実により、介護する家族の負担も軽減され、仕事や生活と介護の両立がしやすくなりました。

　一方で、我が国では少子高齢化が急速に進行しており、現在の介護保険制度の維持が困難な状況に直面しています。本章では、人口構成の変化を踏まえ、現在の高齢者介護の実態と、制度が抱える問題などについて概観します。

> **コラム　我が国の介護保険制度の概要**
>
> 　我が国の介護保険制度では、在宅系サービスと施設系・居住系サービスの2種類が提供されています。在宅系サービスには、訪問介護（ヘルパーによる自宅での介助）、通所介護（デイサービスセンターでの日中の介護）、ショートステイ（短期の施設入所）、福祉用具の貸与や住宅改修費の助成などがあります。施設系・居住系サービスには、特別養護老人ホーム（特養）、介護老人保健施設（老健）、介護医療院、認知症高齢者グループホームなどでの長期的な介護サービスがあります。介護保険の対象者は、第1号被保険者（65歳以上の人）と第2号被保険者（40歳から64歳までの医療保険加入者で、末期がんや関節リウマチ、脳血管疾患、パーキンソン病など国が指定する16の特定疾病が原因で介護が必要な人）の2つのグループに分類されます。
>
> 　介護保険のサービスを利用するには、市区町村に申請して要介護度の認定を受ける必要があります（要介護認定）。要介護度は要支援1・2および要介護1から5までの7段階に分かれており、認定調査員による訪問調査と主治医の意見書に基づくコンピュータ判定の後、学識経験者で構成される介護認定審査会での審査を経て市区町村が認定します。この要介護認定により、利用できる介護サービスの内容や量が決まります。
>
> 　制度の運営は市区町村が中心となって行い、財源は公費（国、都道府県、市区町村の負担）と保険料（第1号、第2号被保険者の負担）で賄われています。第1号被保険者の保険料は市区町村が定める基準に基づいて設定され、原則年金から天引きされます。第2号被保険者の場合は、加入している医療保険者が医療保険料とともに一括徴収します。介護サービスを利用する際には、利用者が原則として費用の一部（1割から3割）を自己負担します。負担割合は本人の所得や世帯構成に応じて異なりますが、65歳以上の大半は1割負担となっています。

1.1. 人口構成の変化とその影響

年齢別人口構成を見ると、年少人口（15歳未満）の減少と高齢者人口（65歳以上）の増加が顕著で、少子高齢化が急速に進行しています。図表1-1は、1970年、2025年、2070年の日本の人口ピラミッドを示しており、「富士山型」から少子高齢化の進展により現在の「つぼ型」へと変化し、将来的には逆三角形のピラミッドになると予測されています。この100年の間に、日本は若年層が多数を占める国から高齢者が多数を占める国へ、大きな変貌を遂げることになります。

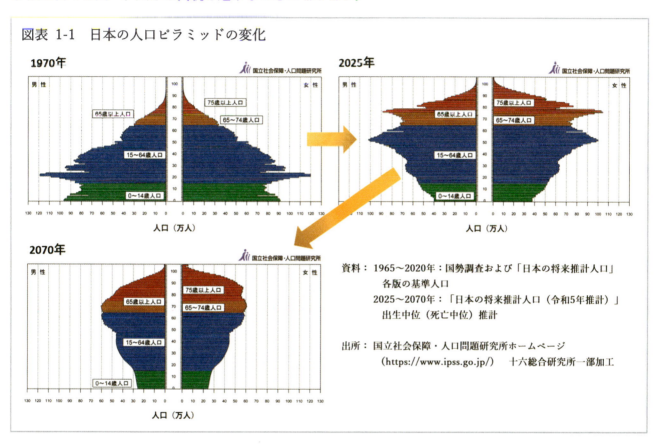

1.1.1. 少子高齢化の進展

国立社会保障・人口問題研究所は、日本の将来の人口規模並びに年齢構成等の人口構造の推移を推計しています。この推計に基づいて作成された令和6年版高齢社会白書では、将来の人口推移について以下のような特徴が指摘されています【図表1-2】。

<将来推計>

・**総人口の減少**： 総人口は長期的な減少過程に入っています。2031年に人口1億2,000万人を下回った後も減少を続け、2056年には1億人の大台を割り込み、2070年には8,700万人になると予測されています。

・**高齢者の増加**： 65歳以上人口は、「団塊の世代」が75歳以上となる2025年に3,653万人に達し、その後も増加を続けて2043年に3,953万人でピークを迎えた後、減少に転じます。一方、75歳以上人口は増減を繰り返しながら2055年にピークを迎え、その後減少すると予測されています。

・**高齢化率の上昇**： 総人口が減少する一方で65歳以上人口が増加することにより、高齢化率は上昇を続けます。2037年には33.3%と国民の3人に1人が65歳以上となります。2070年には38.7%に達し、国民の2.6人に1人が65歳以上、また4人に1人が75歳以上となる時代が到来すると予測されています。

・**現役世代の負担増：** 高齢者人口（65歳以上人口）と現役世代人口（15～64歳人口）の比率を見ると、1950年には高齢者1人に対して現役世代が12.1人でしたが、2023年には高齢者1人に対して現役世代が2.0人にまで減少しています。その後も高齢化と現役世代の減少が進み、2070年には高齢者1人に対して現役世代が1.3人になると予測されています。

少子高齢化が進む背景には、少子化による現役世代の減少と、平均寿命の延伸による高齢者の増加があります。

合計特殊出生率は2005年に1.26となり、その後緩やかな上昇傾向を示していましたが、近年は低下傾向にあります。2023年は1.20と過去最低を記録し、長期的な少子化の傾向が続いています。一方、平均寿命は2022年現在、男性81.05年、女性87.09年となっています。今後も男女ともに平均寿命は延び続け、2070年には男性85.89年、女性91.94年に達すると予測されています【図表1-3】。

医療水準と生活水準の向上に伴い、平均寿命は延びる傾向にあります。少子高齢化は日本に限らず、他の先進国でも見られる現象であり、開発途上国においても、将来的に問題となることが指摘されています。

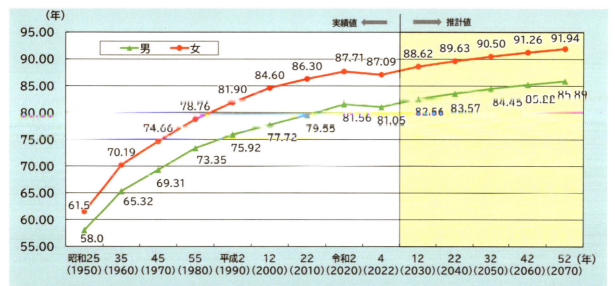

図表 1-3　平均寿命の推移と将来推計

出所：　内閣府　令和6年版高齢社会白書

1.1.2. 2025年問題と2040年問題

近年「2025年問題」と「2040年問題」という二つのキーワードが注目されています。これらは、医療や介護などの社会保障の観点から、社会による支援を必要とする高齢者の増加に伴う社会保障費や医療・介護ニーズの増大と、それを支える現役世代の減少による負担増加を示す問題です。

2025年問題： 2025年には、団塊の世代（1947〜49年生まれ）が全員75歳以上の後期高齢者となります。75歳以上が人口の2割弱を、65歳以上が人口の約3割を占めることになり、年金、医療、介護へのニーズが増大します。

2040年問題： 2040年には、団塊ジュニア世代（1971〜74年生まれ）が全員65歳以上となり、高齢者人口はこの辺りでピークを迎えます。一方で現役世代の急激な減少により総人口は約1億1,284万人まで減少し、1人の高齢者を1.6人の現役世代が支える構図となります。これにより、医療・介護分野における人手不足や、社会保障費の増大が強く懸念されています。

医療・介護費用の多くは、現役世代が納める税金や社会保険料で賄われています。高齢者の増加と現役世代の減少により、現役世代の負担は、今後ますます増大していくことが予想されます。

1.1.3. 介護人材の不足

　少子高齢化が進む日本では、介護人材（介護施設や訪問介護などに従事する職員）の不足が大きな問題となっています。介護人材不足により、十分な介護サービスを受けられない状況が生じると、介護サービスが充実した地域への移住を余儀なくされたり、家族が仕事を辞めて介護を担わざるを得なくなったりすることで、地域の人口流出や、介護離職による労働者の減少、家庭の貧困化などが生じ、過疎化や地域社会の活力低下を招く恐れがあります。介護人材の不足は業界内の問題にとどまらない重大な社会問題です。

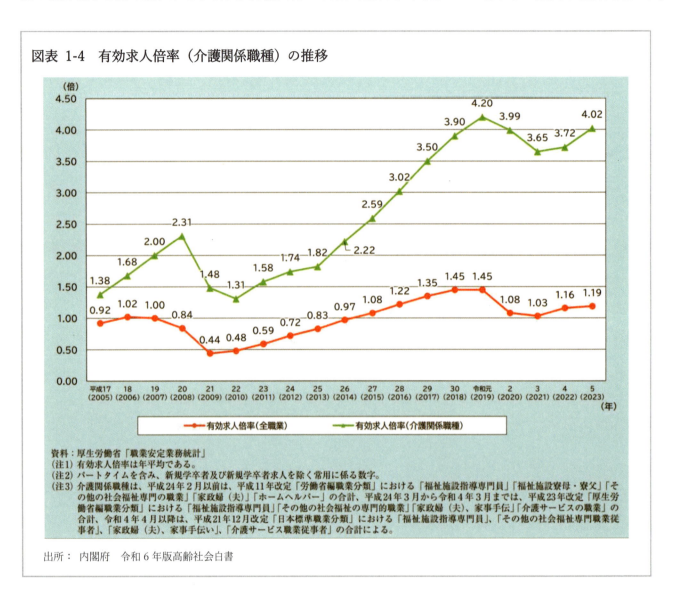

図表 1-4　有効求人倍率（介護関係職種）の推移

出所：内閣府　令和6年版高齢社会白書

　2023年の全職業の有効求人倍率は1.19倍であるのに対し、介護関係職種の有効求人倍率は4.02倍と全職業を大きく上回っており、2010年代以降、その差は拡大する傾向にあります【図表1-4】。職種別に見ると、特に訪問介護職（ヘルパー）の人手不足は深刻で、2023年度（令和5年度）の有効求人倍率は14.14倍と施設介護員の4倍以上となっています【図表1-5】。ヘルパーは、地域で生活する要介護者の日常生活を支える重要な職種であり、その不足は要介護者や家族の生活の質を低下させるだけでなく、地域での生活を困難にします。

図表 1-5　施設介護員・訪問介護職の有効求人倍率

出所：　厚生労働省　第242回社会保障審議会介護給付費分科会　2024年9月12日　資料2

　介護職に人が集まりにくい理由として、厳しい労働環境に対して賃金水準が低いことが挙げられます。図表1-6は、介護職員と全産業平均の賃金の推移ですが、差は縮まる傾向にあるものの、介護職員の月収は全産業平均より約7万円低くなっています。介護事業所の収入は全国一律の介護報酬で賄われており、一事業者の努力だけで職員の賃金水準を引き上げることは容易ではありません。また、求人を出してもなかなか人が集まらず、人材紹介業者に頼らざるを得ない事業者も少なくありませんが、本来は職員の処遇改善に充てられるべき介護報酬の一部が、割高な紹介手数料の支払いに充てられているとの指摘もなされています。

　介護職を志願する人が少ない背景には、都市部ではより魅力的な働き口が存在すること、地方では人口減少により労働者が減少していることなども指摘されています。1987年の介護福祉士国家資格の創設に伴い、介護需要の増加を見込んで全国に介護福祉士養成施設（専門学校、短期大学、大学など）が設立されました。しかし、少子化と介護職の人気低下などにより、多くの施設で定員割れの状態が続いています。

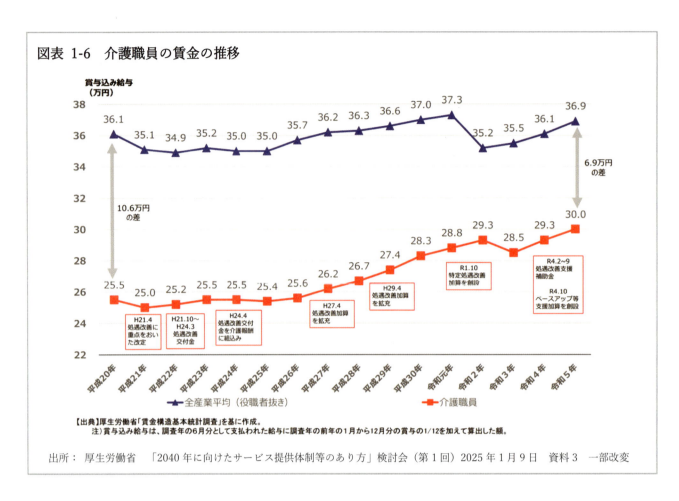

図表 1-6　介護職員の賃金の推移

出所：厚生労働省　「2040年に向けたサービス提供体制等のあり方」検討会（第1回）2025年1月9日　資料3　一部改変

　厚生労働省の「令和5年介護サービス施設・事業所調査」によれば、介護職員数はこれまでは緩やかな増加傾向が続いてきましたが、2023年（令和5年）10月時点では約212.6万人となり、前年と比べ2.9万人減少しました【図表1-7】。総人口が減少する中、介護職員数を増やしていくことは容易ではなく、将来、介護職員不足がいっそう深刻化する可能性は高いと言えます。

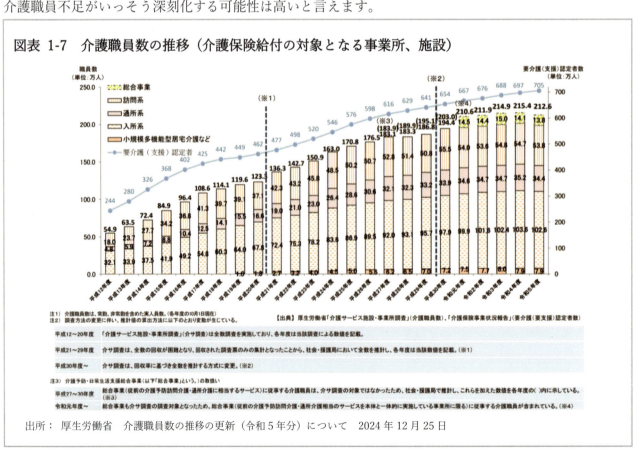

図表 1-7　介護職員数の推移（介護保険給付の対象となる事業所、施設）

出所：厚生労働省　介護職員数の推移の更新（令和5年分）について　2024年12月25日

市町村と都道府県では、介護保険制度を円滑に実施するため、3年を1期とする介護保険事業計画（都道府県は介護保険事業支援計画）を策定しています。現行の第9期介護保険事業計画（2024年度～2026年度）の介護サービス見込み量等に基づき、都道府県が推計した介護職員の必要数を集計すると、介護職員数を2022年度のまま横ばいと仮定した場合、2026年度には全国で約25万人、2040年度には約57万人の介護職員が不足することになります【図表1-8】。

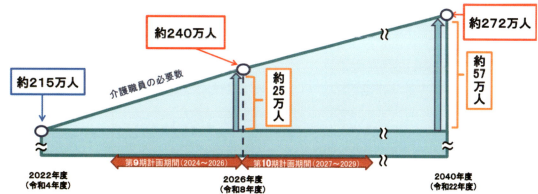

図表 1-8　第9期介護保険事業計画に基づく介護職員の必要数について

岐阜県の介護人材の需給推計を見ると、2026年（令和8年）の介護人材の需要は3万6,434人であるのに対し、供給は3万4,618人となり、約1,800人の介護職員が不足すると見込まれます【図表1-9】。また、2050年（令和32年）の需要は3万8,825人、供給は2万8,405人となり、約1万人もの介護職員が不足すると見込まれます。

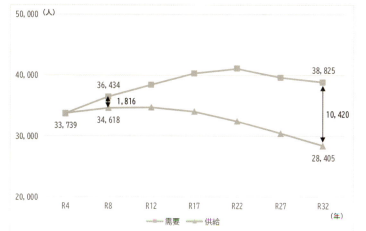

図表 1-9　岐阜県の介護人材需給の将来推計

岐阜県は、2040年（令和22年）に要支援・要介護認定者数がピークを迎え、介護人材の需要も同時期にピークを迎えると推計しています。一方で、生産年齢人口の減少により、介護職員数はそれより早い時期に減少し始めると予測されており、介護人材不足は年々深刻化していくものと考えられます。

厚生労働省「2040年に向けたサービス提供体制等のあり方」検討会の資料によると、2040年度時点で必要な介護サービス量は、2023年度を基準にすると、在宅介護で22%、居住系サービスで28%、介護施設で22%の増加が見込まれます【図表1-10】。現役世代が減少する中、増え続ける介護サービスの需要にどのように対応していくかは、将来の介護のあり方を左右する重要な課題です。

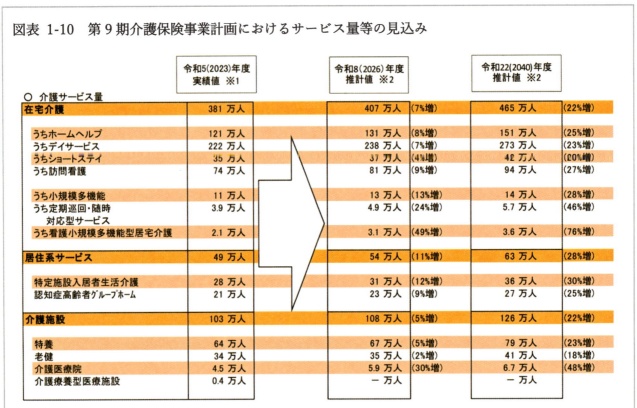

図表 1-10　第9期介護保険事業計画におけるサービス量等の見込み

出所：厚生労働省　「2040年に向けたサービス提供体制等のあり方」検討会（第1回）2025年1月9日　資料3

1.2. 高齢者介護の現状と諸問題

少子高齢化により生じる高齢者介護に関する問題は、介護人材不足だけにとどまりません。本節では、介護負担や社会保障給付費の増加、仕事と介護の両立、介護費用や介護施設・介護に関する教育の現状など、高齢者介護に関するさまざまな問題について概観します。

1.2.1. 高齢者の増加がもたらす介護負担の増加

高齢者の増加に伴い、社会や家庭の介護負担の増加が大きな問題となっています。前項の将来推計人口【図表1-2】によると、高齢者（65歳以上）の数は2043年のピークまで1割程度の増加にとどまり、一見大きなインパクトはないように思われます。しかし、介護の負担が相対的に大きい「超高齢者」※と言われる85歳以上の人口は、後述するように今後大きく増加することが見込まれており、その影響が懸念されます。

※ 超高齢者を何歳以上と定義するかについては意見が分かれますが、本稿では85歳以上と定義します。

厚生労働省の介護給付費等実態統計で介護保険受給者の性・年齢別の状況を見ると、受給者数は加齢とともに増加し、85～89歳で男女ともに最大となっています【図表1-11】。90歳以上になると減少に転じますが、これは90歳以上の人口が相対的に少ないためであり、人口に占める受給者の割合はさらに高まります。

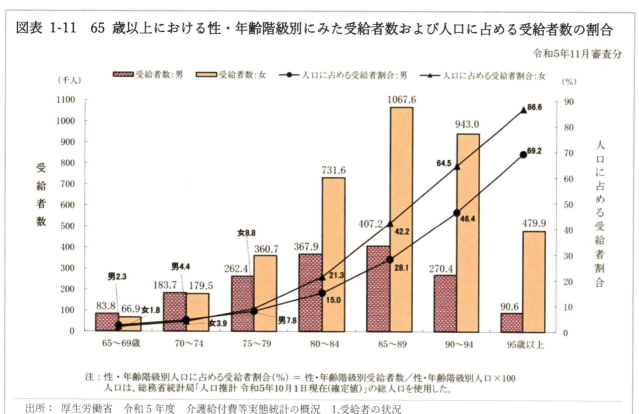

図表 1-11　65歳以上における性・年齢階級別にみた受給者数および人口に占める受給者数の割合

出所：厚生労働省　令和5年度　介護給付費等実態統計の概況　1.受給者の状況

介護保険を受給するためには、要介護認定を受ける必要があります。図表1-12（左側）は、要介護認定を受けた人の割合（要介護認定率）を年齢別に見たものですが、65歳～69歳では人口の2.8%に過ぎない要介護認定率は加齢とともに急上昇し、75歳以上では31.0%と人口の約3人に1人が、85歳以上では57.7%と約6割が、90歳以上では72.9%と7割以上が要介護（要支援を含む）の状態にあると認定されています。

　2035年までの今後10年間で、超高齢者（85歳以上）は大きく増加し、その後も高止まりすることが見込まれています【図表1-12（右側）】。すでに述べたように、高齢になるほど要介護認定率は上昇するため、介護を必要とする人の数は大きく増加することが見込まれます。一方で、この間、社会を支える現役世代は一貫して減少するため、介護人材をどのように確保していくかは非常に重要な課題です。

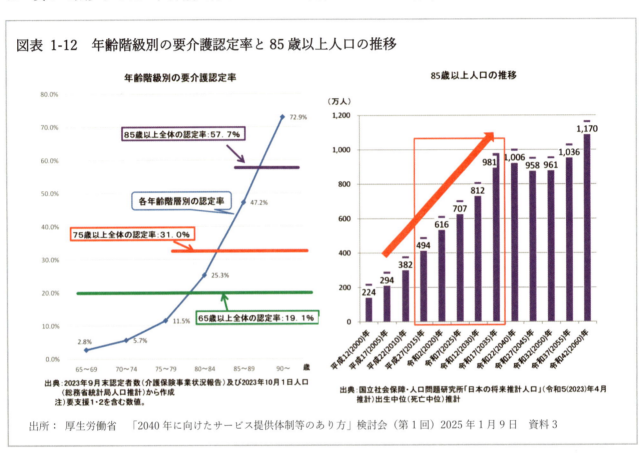

図表 1-12　年齢階級別の要介護認定率と85歳以上人口の推移

出所：厚生労働省　「2040年に向けたサービス提供体制等のあり方」検討会（第1回）2025年1月9日　資料3

　図表1-13は、要介護（要支援）認定者数を要介護度別、年齢階層別に表示したものです。要介護2以上では、相対的に超高齢者層（85歳以上）の存在が際立ちます。今後、超高齢者が増えていくということは、要介護度が高い人の数が増えていくことを意味します。

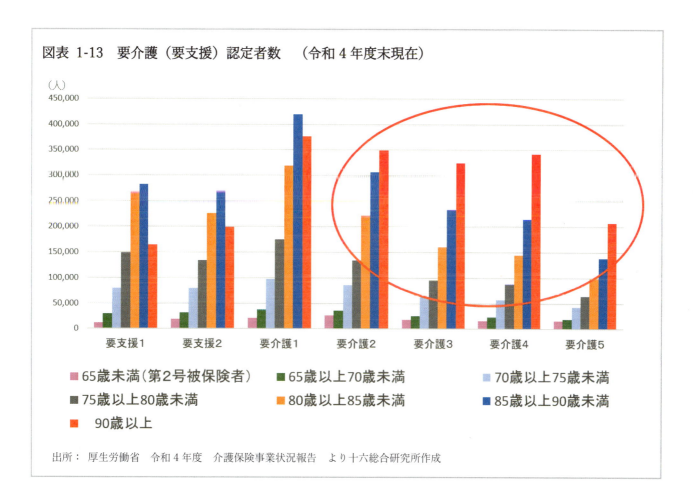

図表 1-13　要介護（要支援）認定者数　（令和4年度末現在）

出所：厚生労働省　令和4年度　介護保険事業状況報告　より十六総合研究所作成

　要介護度が高い人の増加は、国全体で見れば、介護にかかる費用の増加に直結します。図表1-14は要介護（要支援）認定者1人当たりの介護保険給付関係の費用（国や介護保険が負担する分と個人が負担する分の合計）を要介護度別に表したものです。要支援1では年間約10万円の費用額は、要介護度が高くなるにつれ増加し、要介護1では年間約115万円、要介護5になると年間約348万円に膨らみます。超高齢者の増加は、要介護度が高い受給者の増加を通じて、国や介護保険の財政上の大きな負担となります。

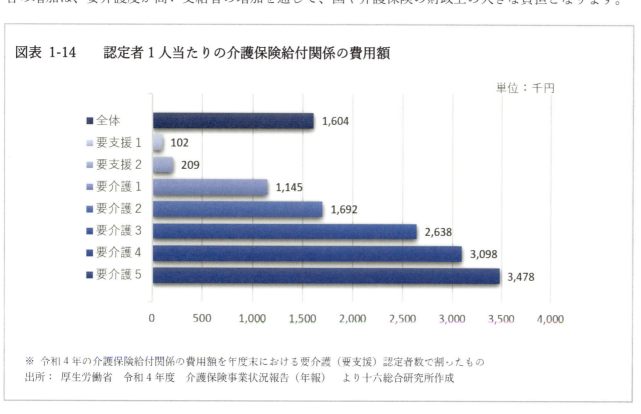

図表 1-14　認定者1人当たりの介護保険給付関係の費用額

※ 令和4年の介護保険給付関係の費用額を年度末における要介護（要支援）認定者数で割ったもの
出所：厚生労働省　令和4年度　介護保険事業状況報告（年報）　より十六総合研究所作成

要介護度が高くなると、在宅介護の負担も増加します。図表 1-15 は、同居している主な介護者が 1 日のうち介護に要した時間を要介護度別に集計したものです。要支援 1 から要介護 2 までは「必要なときに手をかす程度」が最も多いものの、要介護 3 以上では「ほとんど終日」が最も多くなり、要介護 4 の人の介護者のうち 41.2%、要介護 5 の人の介護者のうち 63.1%はほとんど終日介護を行っていることが分かります。要介護度が高い人の増加は、仕事と介護の両立が困難な介護者の増加につながり、望まぬ介護離職が増える原因ともなり得ます。

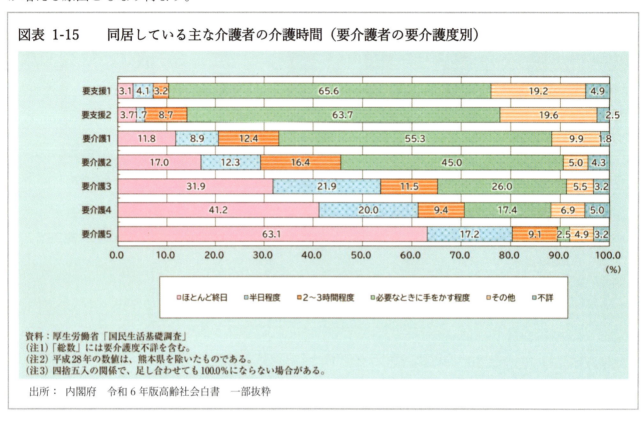

1.2.2. 社会保障給付費の増加と財政の健全性

　社会保障給付費は、「年金」「医療」「福祉その他」の 3 分野において、社会保険料や公費（税金）などを財源として給付された金額を集計したもので、自己負担分を含まない金額です。我が国の社会保障制度は、加入者が一定期間保険料を拠出（負担）し、その額に応じて給付金を受け取る（受益・給付）社会保険方式を採っていますが、一方で介護給付費や後期高齢者医療費の 5 割は公費で賄われるなど、財源の多くを公費に依存しています。そのため、近年、高齢化による介護給付費や後期高齢者医療費の増加に伴い、公費負担への依存度が著しく増加しています【図表 1-16】。また、日本の財政は歳入の約 3 分の 1 を国債発行に依存しているため、将来世代へ負担が先送りされている状態が生じています。

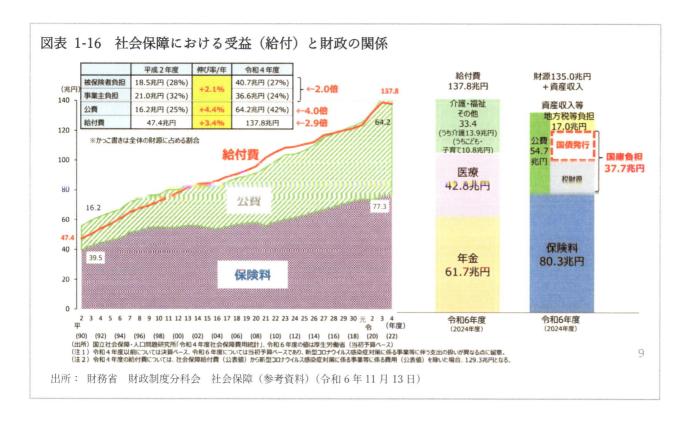

出所: 財務省　財政制度分科会　社会保障（参考資料）（令和6年11月13日）

　高齢化に伴い、社会保障給付費は相当なペースで増加しています。2024年の社会保障給付費（予算ベース）は137.8兆円と2000年（78.4兆円）の約1.8倍となり、GDP（国内総生産）の22.4％に相当する規模となっています【図表1-17】。

　介護保険の給付（13.9兆円）は3分野のうちの「福祉その他」に含まれ、社会保障給付費全体の約1割を占めています。1割と言っても、日本の防衛関係費（8兆円）と公共事業（6兆円）の合計に匹敵する非常に大きな金額です。

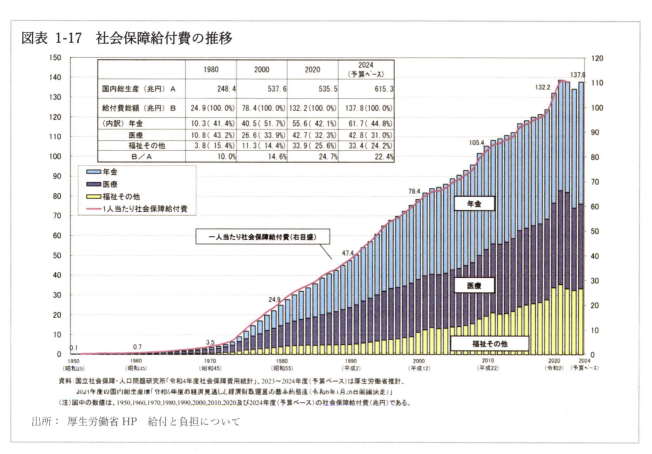

出所: 厚生労働省HP　給付と負担について

介護保険の財源のうち、50％は被保険者が支払う保険料で賄われます。被保険者には、第1号被保険者（65歳以上）と第2号被保険者（40歳から64歳）の2種類があります。残る50％は公費で賄われており、25％が国庫負担金、25％が地方自治体負担金（都道府県および市町村）となります【図表1-18】。

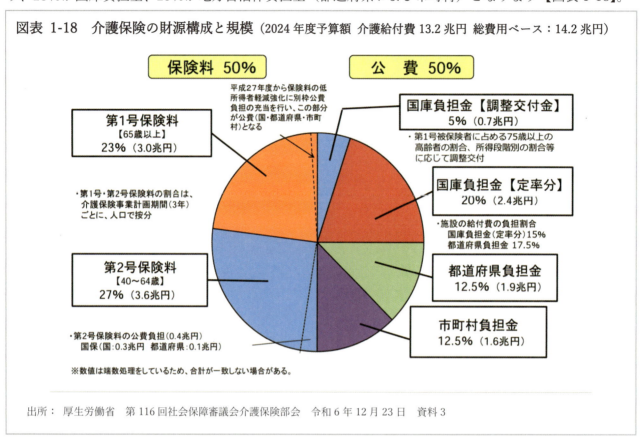

図表 1-18　介護保険の財源構成と規模（2024年度予算額　介護給付費 13.2兆円　総費用ベース：14.2兆円）

出所：厚生労働省　第116回社会保障審議会介護保険部会　令和6年12月23日　資料3

介護需要は今後も増加の一途をたどり、それに伴って介護給付費も確実に増大していくことが見込まれます。そして介護保険制度では、その5割を公費で賄うことから、国および地方自治体の財政負担はいっそう重くなっていくことが予想されます。国債発行による財源確保は、将来世代への負担の先送りとなり、世代間の不公平を生むとともに、財政の健全性を損なうことが強く懸念されます。

1.2.3. 家庭における介護負担と仕事と介護の両立

戦後、少子化と核家族化が進み、1世帯当たりの家族の人数が減少する一方で、女性の社会進出により共働き世帯は増加し、家庭内における介護の担い手（家族介護者・ケアラー）の負担が増大しています。一人っ子同士が結婚した場合など、夫婦2人で4人の高齢者（双方の両親）の介護を担うケースも生じています。また、「老老介護」と呼ばれる、高齢者が高齢者の介護を行うケースも増加しています。

要介護者等から見た主な介護者の同居、別居の状況を見ると、同居している人が45.9％を占めています。要介護者等と同居している主な介護者の内訳※を見ると、配偶者が全体の22.9％と最多で、次いで子、子の配偶者の順となっています。性別では男性が31.1％、女性が68.9％を占め、年齢別では男性の75.0％、女性の76.5％が60歳以上となっています【図表1-19】。

※　要介護者等と別居している主な介護者の場合、性別では男性が26.0％、女性が71.1％、60歳以上の割合は男性が51.1％、女性が52.4％となります。

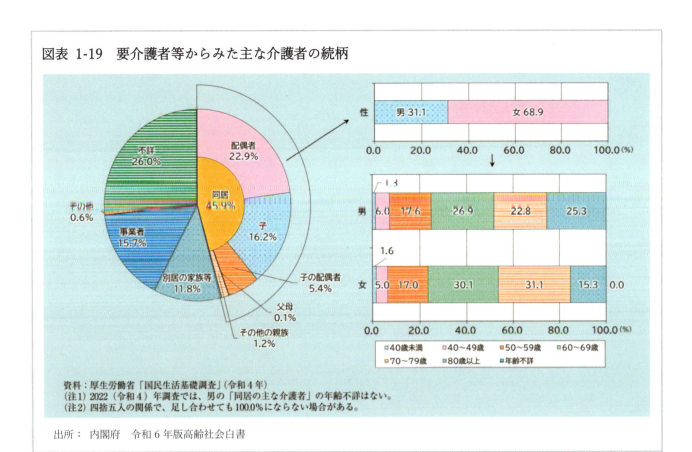

図表 1-19　要介護者等からみた主な介護者の続柄

資料：厚生労働省「国民生活基礎調査」（令和4年）
(注1) 2022（令和4）年調査では、男の「同居の主な介護者」の年齢不詳はない。
(注2) 四捨五入の関係で、足し合わせても100.0%にならない場合がある。

出所： 内閣府　令和6年版高齢社会白書

　介護保険制度の導入により、家族介護者の介護負担を軽減するさまざまなサービスの利用が可能となりましたが、在宅介護サービスを提供する事業者が近隣にない、ヘルパーが不足し対応できない、施設に空きがないなど、必要な時に誰もが等しくサービスを利用できる状況には至っていません。また、経済的な理由で希望するサービスを利用できない人や、世間体を気にしてサービスの利用を控える人もいます。さらに、介護サービスの利用方法を知らずに、家族だけで介護を抱え込んでいる家庭も存在します。要介護者と家族介護者だけの閉じた生活が長期化すると、家族介護者が精神的に追い詰められ、社会から孤立するケースや、心を病んでしまうケースも少なくありません。このように、介護を必要とするすべての人々とその家庭に、適切なサービスが行き渡っているとは言えないのが現状です。

　家庭内での介護のために、ビジネスケアラー（仕事をしながら家族などの介護に従事する人、ワーキングケアラーとも言う）も増加しており、経済産業省の試算では、2030年には家族介護者のうち約4割にあたる318万人がビジネスケアラーになると見込まれています。さらに、仕事と介護（看護）の両立が困難となり介護離職※を余儀なくされる人は、2025年時点で年間約11万人と推定されます【図表1-20】。介護離職により、家計の収入が途絶える影響は非常に大きいと言えます。

※ 介護離職に関しては、3.2.1.で詳しく述べます。

図表 1-20　ビジネスケアラーに関連する指標の推移

※1　2012年及び2017年の家族介護者・ビジネスケアラーの数は就業構造基本調査結果より。
※2　2012～2020年の介護離職者数は雇用動向調査結果より。
※3　就業構造基本調査における有業者のうち「仕事が主な者」をビジネスケアラーとして定義している。有業者全体（仕事は従な者を含む）まで広げた場合には、2030年時点で438万人と推計される。今後、女性の社会進出や高齢者の雇用促進等に伴い、数値は更に上振れする可能性もある。
※4　介護離職者数の将来推計は、厚生労働省「雇用動向調査（平成29年～令和3年）」を基に算出したものであり、将来的な施策効果等は加味していない。
※5　その他の推計値は、各調査における年齢階層別人数割合と将来推計人口の掛け合わせにより算出。

出所：　経済産業省　仕事と介護の両立支援に関する経営者向けガイドライン（令和6年3月）

　介護負担による仕事の生産性の低下や介護離職により、ビジネスケアラーの中でも特に豊富な経験とスキルを持ち、企業の中核を担う40～50歳代の働き盛りの世代が本来の能力を発揮できなくなったり、キャリアを中断せざるを得なくなったりする状況は、国全体にとっても大きな損失になります。仕事と介護の両立における問題の顕在化により、2030年には経済損失が9兆円を超えると推計されています【図表1-21】。

図表 1-21　2030年における経済損失の推計（億円）

出所：　経済産業省　仕事と介護の両立支援に関する経営者向けガイドライン（令和6年3月）

1.2.4. 介護にかかる費用

　高齢者の増加などにより、被保険者が負担する介護保険料は増加傾向にあります。介護保険料は年金と異なり、40歳になった月から一生涯にわたって納付し続ける必要があるため、年金生活者をはじめとする収入が限られた人の負担感が増しています。図表1-22は、第1号被保険者（年齢が65歳以上の人）が支払う介護保険料の全国平均値を示していますが、導入当初の月額2,911円から、現在は6,225円と2倍以上になり、厚生労働省の推計では2040年度には約9,200円になると見込まれます。また介護保険料は地域によって異なるため、一部の地域ではさらに高額になることが予想されます。

図表 1-22　65歳以上が支払う介護保険料　全国平均（月額・加重平均）

出所：厚生労働省　第116回社会保障審議会介護保険部会（令和6年12月23日）　資料3

　次に、介護保険サービスの利用料について概観します。

　居宅サービス（訪問介護・通所介護・福祉用具貸与など）を利用する場合、利用できるサービスの量（支給限度額）は要介護度別に定められています【図表1-23（左側）】。利用者が負担する金額は、かかった費用の1割※となります。限度額を超えてサービスを利用した場合、超過分は全額自己負担となります。

　介護保険施設を利用する場合は、施設サービス費の1割※の負担に加えて、居住費、食費、日常生活費の負担も必要になります【図表1-23（右側）】。このため、個室や多床室（相部屋）など居住環境の違いによって、自己負担額が変わってきます。

　※　一定以上の所得がある人は2割または3割

　なお、介護保険サービスの利用料金が高額になった人や所得の低い人に対しては、高額介護サービス費など、さまざまな負担軽減措置が設けられています。介護保険サービス利用料の仕組みは複雑なため、詳細は、地域包括支援センターや自治体・社会福祉協議会などの相談窓口にお尋ねください。

図表 1-23　居宅サービスの支給限度額[※1]と、施設サービス自己負担の目安（1か月当たり）

○居宅サービスの支給限度額[※1]の目安

要支援1	50,320円
要支援2	105,310円
要介護1	167,650円
要介護2	197,050円
要介護3	270,480円
要介護4	309,380円
要介護5	362,170円

○介護老人福祉施設（特別養護老人ホーム）の自己負担額[※2]の例

施設サービス費の1割	約28,650円（955単位×30日＝28,650）
居住費	約61,980円（2,066円／日）
食費	約43,350円（1,445円／日）
日常生活費	約10,000円（施設により設定されます。）
合計	約141,430円

※1　支給限度額は、本来金額ではなく「単位」で表され、1単位につき10円（地域によって変動する）で金額換算される。本表は1単位10円で換算後の金額を例示している。
※2　要介護5の人がユニット型個室を利用した場合。仮に多床室を利用した場合の合計金額は約104,200円と割安になる。
出所：厚生労働省HP　介護保険の解説

実際の介護費用を見ると、介護に要した費用（公的介護保険サービスの自己負担分を含む）として、住宅改造や介護用ベッドの導入など一時的にかかった費用は平均47万円、月々の費用は、1か月当たり平均で9.0万円(在宅介護で月額5.2万円、施設介護で月額13.8万円)となっています（2024年度生命保険に関する全国実態調査）【図表1-24】。金額階層別の分布を見ると、在宅介護では1万～2万5千円未満が22.8％、2万5千～5万円未満が18.4％など、約半数が5万円未満でした。一方、施設介護では、最も多い階層が15万円以上の37.5％、次いで10万～12万5千円の16.7％であり、全体の約3分の2が10万円以上となっています。年金などに収入が限られる多くの高齢者にとって、介護にかかる費用の負担は決して軽いものとは言えません。

また、近年の物価上昇の影響は介護費用にも及んでいます。特に、民間の有料老人ホームやサービス付き高齢者向け住宅では、家賃、食費、管理費などを合わせた月額利用料が上昇し、公的施設である介護老人福祉施設（特別養護老人ホーム）などでも、家賃に相当する居住費が値上げされています。施設サービスの利用を考える際は、要介護度が重くなるにつれ、また物価上昇に伴い、費用負担も増加していく可能性が高いことに留意が必要です。介護費用については、3.2.8.で詳しく検証します。

図表 1-24　介護費用（月額）（介護を行った場所別）

(%)

	支払った費用はない	1万円未満	1万～2万5千円未満	2万5千～5万円未満	5万～7万5千円未満	7万5千～10万円未満	10万～12万5千円未満	12万5千～15万円未満	15万円以上	不明	平均（万円）
在宅	0.0	8.6	22.8	18.4	13.0	4.0	6.3	1.2	6.9	18.7	5.2
施設	0.0	2.1	4.6	6.3	5.8	4.6	16.7	12.1	37.5	10.4	13.8

＊「支払った費用はない」を0円として平均を算出
出所：公益財団法人生命保険文化センター　2024年度 生命保険に関する全国実態調査（2025年1月）

十分な貯蓄や収入がない場合、介護期間が長期に及ぶ場合、同時に複数の高齢者を介護する場合、あるいはこれらの事象が同時に発生した場合など、介護のための資金が不足（場合によっては枯渇）することがあり得ます。家計が困窮すると、自分の望む水準の介護が受けられなくなる可能性が高まります。

家族の介護のために仕事と介護の両立が困難になると、ケアラーには労働時間減少による収入減や、介護離職による収入の喪失が生じます。親が自身の介護のための貯蓄を十分に有しておらず、子が介護費用を負担するようなケースでは、子が自身の将来のための貯蓄を切り崩して対応せざるを得なくなります。このように、介護に起因する家庭の貧困問題は次の世代へと連鎖していきます。

介護保険制度は、家族の負担を軽減し、介護を社会全体で担う優れた仕組み（共助）です。しかしながら、介護保険制度だけでは対応しきれない部分もあるため、公的支援（公助）の拡充とともに、個人や家族による計画的な準備（自助）、そして地域における支え合い（互助）が重要となります。

1.2.5. 介護施設の現状

全国の介護施設等の定員数は増加傾向にあります【図表1-25】。種類別に見ると、有料老人ホーム（66万1,490人）、介護老人福祉施設（特別養護老人ホーム、特養）（59万2,754人）、介護老人保健施設（老健）（37万739人）などの定員数が多く（2022年）、また、近年は、有料老人ホームやサービス付き高齢者向け住宅（サ高住）の定員数が増加しています。介護施設は種類が多く、それぞれに役割（目的）、入居条件（要介護度・認知症の有無など）、サービス内容、料金などが異なるため、利用にあたっては、要介護者のニーズに合った施設を慎重に選ぶことが重要です。

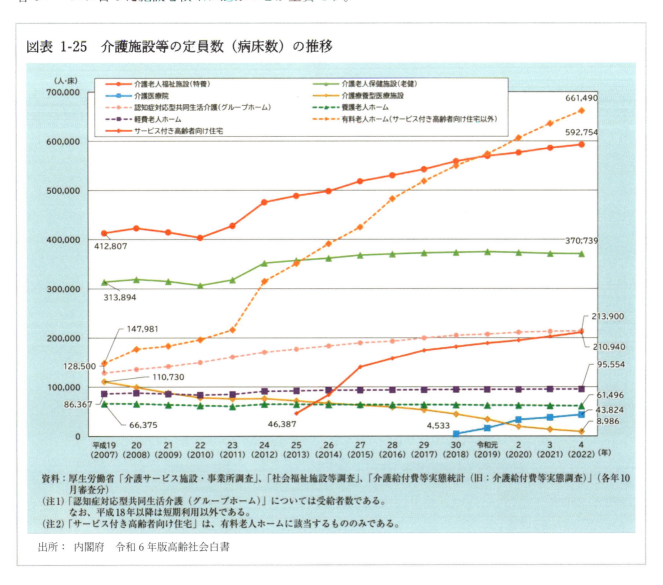

図表 1-25　介護施設等の定員数（病床数）の推移

資料：厚生労働省「介護サービス施設・事業所調査」、「社会福祉施設等調査」、「介護給付費等実態統計（旧：介護給付費等実態調査）」（各年10月審査分）
(注1)「認知症対応型共同生活介護（グループホーム）」については受給者数である。
なお、平成18年以降は短期利用以外である。
(注2)「サービス付き高齢者向け住宅」は、有料老人ホームに該当するもののみである。

出所：内閣府　令和6年版高齢社会白書

　介護施設数は増加傾向にありますが、高齢化や認知症を患う高齢者の増加により、希望する施設の順番待ちが生じたり、近隣の施設が満床で遠方の施設への入居を余儀なくされたりするケースが見られます。

　手厚い介護サービスと、比較的手ごろな料金が人気の介護老人福祉施設（以下、特別養護老人ホーム）は、かつては入所待機者が多く、なかなか入居できない状況が一般的でした。しかし、2015年の介護保険制度改正により、入居条件が要介護3以上に引き上げられたことや、入居までの期間が短く、利用料が手ごろなサービス付き高齢者向け住宅や有料老人ホームが充実してきたことなどにより、今では比較的スムーズに入居できるケースも増えています。

図表 1-26　特別養護老人ホームの入所申込者数（要介護3以上）
（調査時点で当該特別養護老人ホームに入所していない人数）

出所：厚生労働省：特別養護老人ホームの入所申込者の状況（プレスリリース）
2022年12月23日　2019年12月25日　2016年3月27日より十六総合研究所作成

特別養護老人ホームの入所待機者※は年々減少しているものの、なおも全国で約25万人が入所を待っています（2022年）【図表1-26】。うち約11万人は在宅介護中であり、残る約15万人は、他の介護施設に入居しつつ特別養護老人ホームの空きを待っています。ちなみに、岐阜県の入所待機者数は5,740人（うち在宅3,068人）、うち入所の必要度が高いと推測される「要介護3以上で、自宅で独居又は介護が困難な家族等と自宅で同居の方」は2,281人です。

※ 図表のタイトルは「入所申込者数」となっていますが、「入所を希望しているものの調査時点で入所していない人数」を意味するため「入所待機者」とみなします。

地域別に見ると、都市部などでは入所待機者も多く介護施設の新設が続いている一方、高齢者人口の伸びが鈍化、あるいは減少に転じた地方では、人気の特別養護老人ホームにも空室が生じるなど、介護施設の稼働率が低下している地域もみられます。稼働率が低下すると、採算の悪化によりサービスの継続が困難になります。過疎化が進む北海道芦別市の特別養護老人ホーム、芦別慈恵園は、空室の一部を、入居条件の緩いサービス付き高齢者向け住宅へ転用することで、稼働率を維持しています。

図表 1-27　介護施設の稼働状況（2022年）

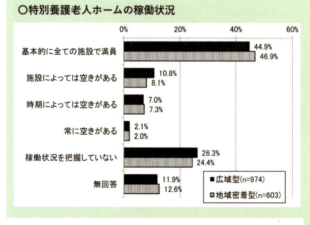
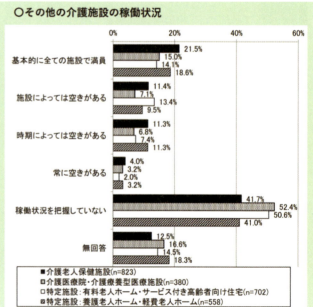

広域型特別養護老人ホームは、定員が30名以上で、入所要件に居住地の制限がありません。このため、施設の所在地と現在の居住地が異なる場合でも申込みができます。一般的な「特養」とは、この広域型特養を指します。

地域密着型特別養護老人ホームは、定員が29人以下で、原則として施設がある市区町村に居住している人のみに利用が限定された施設です。可能な限り入所者が自立した生活を送れるよう、少人数制をとっています。

出所：三菱UFJリサーチ＆コンサルティング　特別養護老人ホームの入所申込者の実態把握に関する調査研究
（令和4年度老人保健健康増進等事業）（2023年3月）

図表 1-27 は、全国の介護施設の稼働率を施設の種類別に示したものですが、2%～4%が「常に空きがある」、1割前後が「施設によっては空きがある」と回答しており、需要と供給のミスマッチが生じていることが分かります。

介護老人福祉施設、介護老人保健施設、介護医療院などの介護保険施設や、介護付き有料老人ホーム※、認知症高齢者グループホームなどは総量規制の対象のため、自治体が定める計画に従って整備されます。一方、住宅型有料老人ホーム※やサービス付き高齢者向け住宅などは総量規制の対象外のため、定められた基準を満たせば比較的自由に建設が可能です。このため、介護施設等の供給量は、十分に管理・統制されているとは言えません。

※ 有料老人ホームは、「介護付き有料老人ホーム」「住宅型有料老人ホーム」「健康型有料老人ホーム」の3タイプがあり、利用者数では「住宅型有料老人ホーム」が半分以上を占めています。

図表 1-28 地域別の高齢者数と要介護者数

地域	総人口	高齢者数	高齢化率	要介護者数
岐阜	減少	2045年にピーク	上昇	2040年でよこばい
西濃	減少	2040年にピーク	上昇	2040年にピーク
中濃	減少	2040年にピーク	上昇	2040年にピーク
東濃	減少	既に減少傾向	上昇	2040年にピーク
飛騨	減少	既に減少傾向	上昇	2035年にピーク

出所：岐阜県　第9期岐阜県高齢者安心計画
（令和6年度～令和8年度）より十六総合研究所作成

岐阜県では、要介護者数は飛騨地域で2035年頃に、それ以外の地域では2040年頃にピークを迎えることが見込まれています【図表1-28】。要介護者数が減少に転じた際には、介護施設が余剰になることが予想されるため、供給量をどのように調整していくかが課題になると思われます。

1.2.6. 高齢者介護に関する情報

介護保険制度に関しては、一般に自分や身近な人が介護を必要とする状況に至るまでは、その仕組みや利用手続きに対する関心が希薄であり、事前に十分な知識を有している人は多くありません。そのため、実際に介護が必要となった際にどこに相談すればよいか分からず、サービスの利用開始が遅れたり、適切なサービスを受けられなかったり、家族が過度な介護負担を抱えたりするケースが見受けられます。また、後述する介護予防についても同様で、早期の対応や健康維持の機会を逃してしまうことも少なくありません。

2.3.1.で、介護に関連する各種制度、概念、用語についての認知度の調査結果を掲載していますが、全般に認知度が高いとは言えない状況です。将来、介護が必要になる場合に備えて介護保険料を支払っているにもかかわらず、当事者になるまで情報に接する機会が少ないために、本来受けられるはずのサービスや支援を十分に利用できない人がいる現状を、改善していく必要があります。

現在の学校教育の中で、高齢者介護に関する情報を得る機会はどれほどあるのでしょうか。全国の小中学校の教師607人に対する調査によれば、「地域における高齢者の理解や高齢

図表 1-29　高齢者の理解や高齢者との関わりに関する授業・活動の実施状況　（回答した教師の数）　（単位：人）

小学校	行っている	行っていない	総計
	225	240	465
	48.4%	51.6%	

中学校	行っている	行っていない	総計
	57	85	142
	40.1%	59.9%	

出所：杵渕洋美　高齢者の理解と関わり方に関する授業・活動の実態と課題
―小・中学校教員対象全国調査から―（2022）

者との関わりに関する授業を行っていますか」という質問に対し、「行っている」と回答した割合は小学校で48.4％、中学校で40.1％と、半数に満たない結果となりました【図表1-29】。質問の際には、具体例として「職場体験における介護事業所訪問」「認知症サポーター養成講座」「高齢者・老化の理解」「高齢者の身体を疑似体験する授業」「高齢者をはじめとする地域の方との交流活動」「高齢者や地域の方から学ぶ授業（戦争体験や地域の昔の話をしてもらう）」などを列挙しています。

岐阜県でも、総合的な学習の時間において、高齢者福祉・地域の福祉などをテーマとした学習、高齢者等との交流活動を実施し、児童生徒が高齢者と触れ合い、交流する機会などを設けています。令和5年度（2023年度）に実施を計画していた割合は、小学校で87.3％、中学校で52.5％でした【図表1-30】。

図表 1-30　岐阜県の小・中学校における福祉学習等の状況

小・中学校における令和5年度の実施計画の状況		実施学年の内訳（％）	
総合的な学習の時間において、福祉を扱っている「小学校」 公立小学校（義務教育学校前期課程を含む）　354校※	309校 87.3％	小学校3年生	12.4
		小学校4年生	31.6
		小学校5年生	40.1
		小学校6年生	39.0
総合的な学習の時間において、福祉を扱っている「中学校」 公立中学校（義務教育学校後期課程を含む）　177校※	93校 52.5％	中学校1年生	29.4
		中学校2年生	20.9
		中学校3年生	27.7

※公立小・中学校数＝令和5年度学校教育計画に関連した記載がある校数

出所：岐阜県　第9期岐阜県高齢者安心計画（令和6年度～令和8年度）

高等学校では、家庭科の学習指導要領において、高齢者の健康と生活，介護などについて，体系的・系統的に理解するとともに、関連する生活支援技術を身に付けることなどが目標とされており、教科書では介護保険制度の概要や地域包括ケアなどが取り上げられています。また、「総合的な探究の時間」においては、生徒自らの興味や関心に基づいて、社会問題、環境問題、科学技術、文化、歴史など幅広い分野からテーマを選び、自主的に調査や研究を行うため、高齢者介護をテーマに選ぶ生徒もいると思われます。

高齢者と同居する世帯が減少し、地域社会でのつながりも希薄化する中で、現代の小中学生は高齢者と触れ合う機会が少なくなっています。そのため、高齢者の日常生活や人生経験、心身の特徴などについて、実体験を通じて自然に学び、理解する機会も減少していると言えます。小中学校の義務教育期間において、より多くの児童生徒が高齢者への理解を深め、高齢者との関わりや高齢者福祉について学ぶ機会を持つことが重要です。このような学びは、高等学校での高齢者介護に関する授業の理解を深めるだけでなく、その後の人生における貴重な基礎体験になると考えます。

これまで、日本の高齢者介護を取り巻く情勢について述べてきました。このような高齢者介護に関する情報は、一般に広く認識されているとは言えません。第3章で「五方よし」の考え方について述べますが、その実現のためには、すべての人々が高齢者介護に対する認識をよりいっそう深めていくことが不可欠です。そして、それを促進するためには、公的部門が介護保険制度をはじめとする高齢者介護に関する情報を、より広く積極的に周知していくことが重要です。

1.3. 地域包括ケアの推進

1.3.1. 地域包括ケアシステムとは

地域包括ケアシステムとは、「要介護状態となっても住み慣れた地域で自分らしい暮らしを人生の最期まで続けることができるよう、医療・介護・予防・住まい・生活支援が包括的に確保される体制」のことです。これは、ゴミ捨て等の生活支援から、見守り・社会参加の機会提供・住環境の確保・医療や介護といった専門職により提供されるものまで、安全・安心・健康を確保するためのさまざまなサービス・取り組みを含みます【図表1-31】。

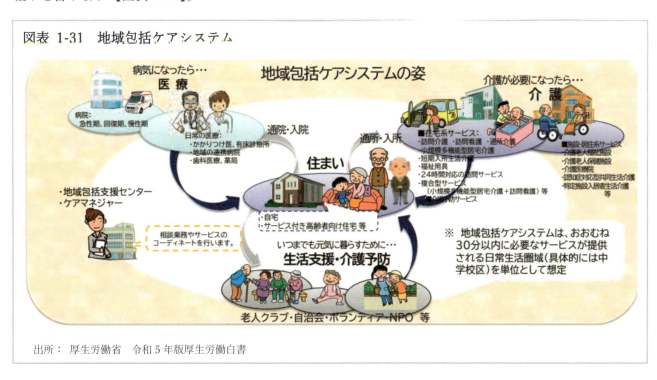

出所： 厚生労働省　令和5年版厚生労働白書

高齢化に伴う医療や介護需要の増加により、病院や介護施設の数や人員が不足し、現場が機能しなくなることが懸念されています。そこで、介護保険の保険者である市町村や都道府県などが中心となり、団塊の世代が75歳以上となる2025年を目標に、地域の力を存分に活用した包括的な支援・サービス提供体制を整備するための取り組みが進められてきました。「地域」の範囲は、概ね30分以内に駆け付けてサービス提供できる日常生活圏域（中学校区に相当）とされ、市区町村の地域包括支援センターやケアマネジャーが主体となり、地域住民に対する包括的なケアをコーディネートしています。

地域包括ケアシステムは、既存の地域資源や、地域の実情（高齢化の進行度合い、医療などのサービス体制、人口規模の違い）、特性によりさまざまな形が存在し、高齢者やその家族を支える、病院と地域をつなぐ、在宅医療を支える、医療・介護事業者をつなぐといったさまざまな機能を担っています。そのため、地域包括ケアシステムの構築にあたっては、「自助・互助・共助・公助」の役割分担が重要とされます。自助（自らの努力で健康を維持していく）を基本として、互助（地域の支え合いやボランティアなどのインフォーマルなサポート）、共助（制度化された社会保障など）、公助（生活困窮者などへの生活保障など）を組み合わせて、地域それぞれの特性に合った体制が構築されています。

近年は、8050問題※1やダブルケア※2といった複合的な問題を抱える家庭も増えており、高齢者福祉、障害者福祉、児童福祉のように区分された仕組みでは対応が難しくなっています。そこで、地域包括ケアシステムの枠組みを拡大し、全世代を対象とした包括的な支援が行われる「地域共生社会」の実現が求められるようになりました。後述する「地域ケア会議」は、地域住民参加のもと、地域課題解決を図る場として重要な役割を果たしています。

※1 8050問題：高齢の親と、さまざまな事情により自立できない50代の子が同居し、社会から孤立した状況に置かれる問題。
※2 ダブルケア：高齢となった親の介護と育児の二重の負担が生じ、家庭内のストレスや経済的な負担が増加する問題。

1.3.2. 地域包括支援センターの役割

地域包括支援センターは、高齢者が住み慣れた地域で安心して暮らし続けられるよう支援を行うための中核機関として、全国の市区町村に設置されており、保健師、社会福祉士、主任ケアマネジャーなどの専門職が連携し、高齢者やその家族を総合的に支援する体制を整えています。各市区町村が設置主体となり直接運営するケースと、自治体からの委託で、社会福祉法人や社会福祉協議会、医療法人、民間企業などが運営するケースがあり、2023年（令和5年）4月末現在で、全国に5,431か所（ブランチとサブセンターを含めると7,397か所）が設置されています【図表1-32】。

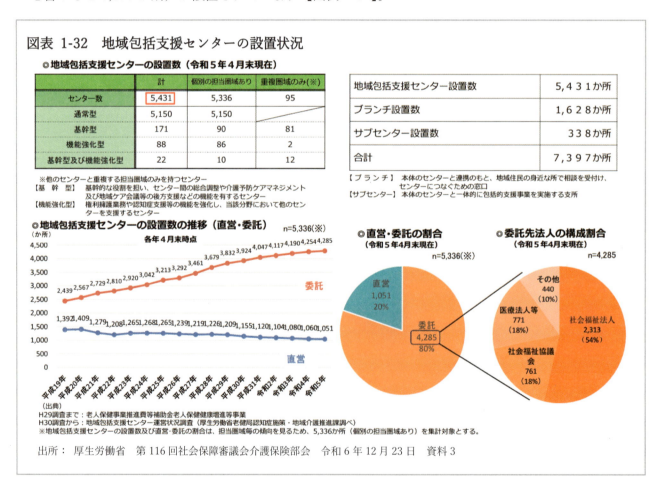

地域包括支援センターの主な機能として、高齢者やその家族からのさまざまな相談に対応する「総合相談支援」が挙げられ、必要に応じて適切な介護サービスや機関を紹介し、問題の解決を支援しています。他にも、虐待の防止、成年後見制度の利用支援、悪質商法による被害防止などの高齢者の「権利擁護」や、

要支援者への介護予防プラン作成など自立支援と重度化防止を目的とした「介護予防」の取り組み、地域のケアマネジャーへの支援や指導、増加する認知症高齢者への対応など、幅広い活動を行っています。

　地域包括ケアシステムを構築するためには、高齢者個人に対する支援の充実と、それを支える社会基盤の整備とを同時に進めることが重要であり、厚生労働省はこれを実現していくために、地域包括支援センター等がその主たる役割を担う「地域ケア会議」を推進しています【図表1-33】。地域ケア会議には5つの主な機能があります。個別ケースの支援内容を検討する際は、主に「個別課題解決機能」、「ネットワーク構築機能」、「地域課題発見機能」が重要な役割を果たす一方、地域課題の解決に向けては、主に「地域づくり・資源開発機能」と「政策形成機能」が効果的に機能します。

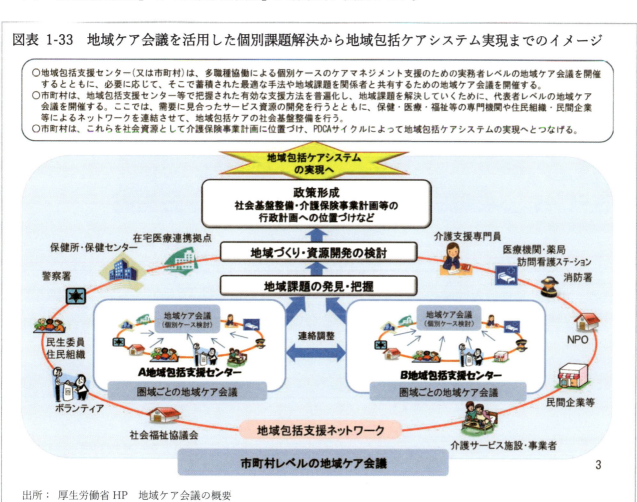

図表 1-33　地域ケア会議を活用した個別課題解決から地域包括ケアシステム実現までのイメージ

出所：厚生労働省HP　地域ケア会議の概要

　このように地域包括支援センターは、介護サービス事業者や医療機関、民生委員、ボランティアなどと緊密に連携し、地域の特性や課題に応じた柔軟な支援体制により、誰もが安心して暮らせる地域づくりのために重要な役割を果たしています。

　次ページからは、地域ケア会議により住民との連携を深め、地域の課題解決に取り組む、岐阜市地域包括支援センター南部の取り組みを紹介します。

岐阜市地域包括支援センター南部

岐阜市内には19の地域包括支援センターが設置されており、主に高齢者の総合相談窓口の役割を果たす一方で、さまざまな機関と連携し、地域で生活する高齢者の安全・安心な暮らしを支えています。岐阜市地域包括支援センター南部は、人口約2万7千人、約1万3千世帯が居住する、市域南部の加納地区・加納西地区・茜部地区を担当しています。

岐阜市地域包括支援センター南部

入学 佳宏 氏

管理者　主任介護支援専門員
入学 佳宏氏

重度身体障害者施設・介護老人保健施設の指導員・支援相談員・介護職員等を経て、2000年より岐阜市在宅介護支援センターサワダソーシャルワーカー、2004年よりサワダケアプランセンターぎなん管理者兼ケアマネジャー、2006年より現職
●介護福祉士

地域包括支援センターの役割

■ **地域包括支援センターについて教えてください。**

介護保険法に定められた、包括的支援事業や介護予防支援事業を実施するために各地域に設置された事務所で、主に以下のような介護・福祉に関わる業務を行っています。

① **総合相談支援業務**：総合的な相談を受ける
② **権利擁護業務**：認知症の方などの権利を擁護する
③ **包括的継続的ケアマネジメント支援業務**：ケアマネジャーが作るケアプランの内容を検証する
④ **医療と介護の連携業務**：在宅の医師派遣の調整、看護師との連携、医療機関との連絡など
⑤ **介護予防マネジメント業務**：介護予防のマネジメント
⑥ **認知症対応業務**：認知症の方の早期支援
センターには社会福祉士、保健師、主任ケアマネジャーが在籍しており、これらの専門職がチームで活動しています。

地域ケア会議の様子
(写真提供:岐阜市地域包括支援センター南部)

高齢者の方にとって、介護だけが必要なわけではありません。高齢者の生活の充実や、安全・安心な暮らしのために、地域のコミュニティはとても大切なので、それを構成する機関・組織や人々を、地域包括ケアシステムとして機能するようまとめていくのが私たちの使命です。社会保障と、ボランティアや地域のお店のようなインフォーマルなサポートが上手く連携するように、まちづくりにも関与していきたいと考えています。

■ 岐阜市地域包括支援センター南部について教えてください。

当センターは、昔からの城下町で高齢化が進む加納地区及び加納西地区と、生産年齢人口が多い若さある茜部地区という特性の異なる3つの地区を担当しています。高齢者が多い加納地区及び加納西地区の業務が多いですが、茜部地区でも、小学校で認知症の理解を深める授業などを開催しています。

当センターでは、主に介護保険被保険者やその家族から年間約1,700件の相談を受けています。おそらく9割以上が第1号被保険者(65歳以上)に関するものですが、第2号被保険者(40歳～64歳)で、特定疾病など介護保険の申請ができる病気にかかってしまった方の相談を受けることもあります。最近は、介護する立場の方(ケアラー)の支援が重要視されており、私たちも少しずつ間口を広げてきているところです。

■ 地域の介護支援体制はどうですか。

この地域は介護施設に恵まれており、有料老人ホームやサービス付き高齢者向け住宅が沢山あります。特別養護老人ホームは1つですが、少し足を延ばせばいくつもあります。今は数か月待てば入所できることが多く、介護施設が足りないとは感じませんが、ヘルパーは足りないように思います。この先10年を考えると、施設を中心とした介護サービスは何とか乗り切れると思いますが、ヘルパーやケアマネジャーが足りなくなるのではないか心配です。

お金が足りなくて望む介護を受けられず、やむを得ず在宅介護を選択する人は、多いという印象はないですが一定数います。そのような人は、支払える金額の範囲で、在宅介護サービスを利用されます。

■ 「地域ケア会議」とは何でしょうか。

地域ケア会議は、介護保険法に定められている会議で、地域の各機関との横のつながりを積極的に保ち、連携して地域の課題に対応していく重要な機会となっています。各センターは、それぞれ工夫をして、特色ある会議を定期的に開催し

岐阜市地域包括支援センター南部

ています。当センターでは、以下の4種類の会議を開催しています。

岐阜市地域包括支援センター南部の地域ケア会議

会議名	回数(年度)	出席者
①地域ケア個別会議（コンサルテーション型）	必要時に随時（概ね年10回程度）	ケアマネ・行政（高齢、障がい、生活保護等）・警察・弁護士・ナカポツ※・民生委員・自治会長・保健所・医師
②地域ケア個別会議（自立支援・重度化防止型）	3回	ケアマネ・居宅の主任ケアマネ・医師・歯科医師・理学療法士・作業療法士・訪問看護師・管理栄養士・歯科衛生士
③地域ケアネットワーク会議	3回	ケアマネ・居宅の主任ケアマネ・ゲスト
④連絡会兼地域ケア会議	1回	医師・歯科医師・行政・自治会連合会長・民生委員長・老人クラブ会長・社協支部長・保健所

※障害者就業・生活支援センター

資料提供：岐阜市地域包括支援センター南部
（以下①②③④も同じ）

① 地域ケア個別会議（コンサルテーション型）

　地域のケアマネジャーだけでは解決が難しい複雑な事例を、警察や弁護士などの専門職を交えて話し合う会議です。地域のコンサルテーションとして機能しています。

② 地域ケア個別会議（自立支援・重度化防止型）

　要支援認定～要介護1程度の方のケアプランを採り上げ、本人のセルフケアを重視し、重度化をより防止できるような効果的な自立支援のプランを検証しシェアする会議です。

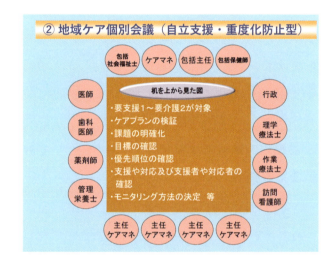

③ 地域ケアネットワーク会議

　地域のケアマネジャーのネットワークを広げ、連携を強化するための会議です。

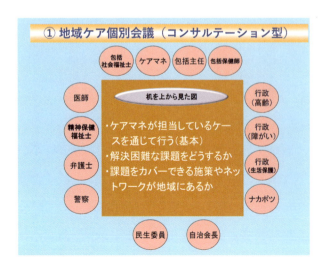

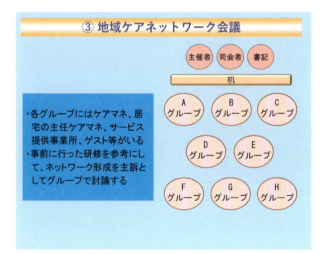

④ 連絡会兼地域ケア会議

年度末にセンターの1年間の活動を振り返り、地域の要職の方々（自治会連合会長、民生委員会長など）と情報を共有する会議。地域の課題を出し合い、話し合う場となっています。

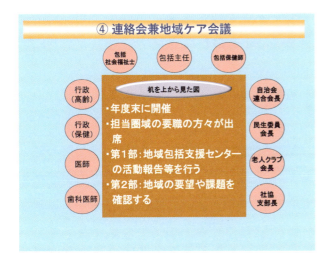

介護業界の抱える問題と対応

▍センター運営にあたり大変なことはありますか。

業務が多く、相談が毎日ひっきりなしにやってくるため、マンパワーが不足しているように感じます。これは当センターに限った話ではなく、介護業界全体が人手不足の状態にあると言えます。

また、社会保障やネットワークを使っても解決できない課題があり、せっかく相談していただいても、解決できずに終わる場合もあります。だからこそ、インフォーマルリポート、ボランタリーな活動が大切なのですが、やはりボランタリーなものだと社会保障としての確実性がなく、やってもらおうと思っても、実際にはできなかったということも少なくありません。

ボランタリーな活動の例としては、商店や金融機関からの情報提供は非常にありがたいです。「窓口にいらっしゃった高齢のお客さんの様子がいつもと違います」といった電話をもらい、私たちが対応に出向くこともあります。「毎日窓口に来る高齢者の方が今日は来ない」といった情報提供も有益です。こうした活動は、商店や金融機関の業務を超えた非常にボランタリーなものですが、私たちは、優れた地域のネットワークが機能していると感じています。

▍どうしたら介護職を増やすことができるでしょうか。

介護職を増やすためには、まずは報酬を上げて欲しいですね。専門知識や技術を持っている割には、介護に携わる人の収入が抑えられている印象があります。やりがいだけで人が集まる時代でもありません。

岐阜市地域包括支援センター南部

次に、利用者・家族のマナー向上が大切です。カスタマーハラスメントやセクシャルハラスメントは、どの業界でも問題になっていますが、特にヘルパーや訪問看護師は単身で利用者の自宅へ赴き、利用者と2人きりの環境で仕事を行うことも多いため、そこでハラスメントがあるのは大変辛いことです。介護サービス利用者とその家族のマナー向上は、介護職の確保・離職防止の上でも非常に重要な課題です。

新しいテクノロジーの導入や、外国人介護人材の活用が、人手不足を乗り切るカギとして話題になっていますね。

新しいテクノロジー（IT・デジタル機器、介護ロボットなど）は、介護の業務効率向上に有効ですので、本当はもっと活用できたら良いと思いますが、導入にコストがかかったり、「やはり人が介護した方がいいのではないか」という、人間としての想いもあったりするので、思ったようには導入が進んでいない印象です。また、介護に携わる職員の平均年齢が高いため、新しいテクノロジーを使いこなせるようになるには課題があるかもしれません。

岐阜でも外国人介護人材は少しずつ増えてきているように感じます。今後もますますの活躍が期待されますが、「日本で働くこと」が、それ程ポジティブなものではないと世界から思われてしまうと、この先が心配になります。例えば、日本の介護業界の労働環境が悪かったり、韓国や欧米の方が賃金が高かったりすると、優秀な人材が他の国に行ってしまうかもしれません。

介護に関するトピック

在宅介護についてどう考えますか。

在宅介護に力を入れるのは良いことだと思います。私たちはノーマライゼーションという考え方を大切にしています。これは、「障がい者や高齢者を健常者と同等の存在と捉え、そうした人たちの生活や権利などが保障された環境を作っていく」という、日本の福祉政策の根本理念として定着している考え方です。障がいや高齢のため動けない人を施設に入れて、それ以外の人は別の世界で自由に生活するというのは、本当の意味でノーマルとは言えないと感じます。社会全体の効率や、費用面で見た場合、施設介護の方が良いという考え方はありますが、やはり自分の住みたい場所に住めるのが一番であり、人の想いや本来の人のあり方、ノーマライゼーションの観点から言うと、在宅介護の方が優れていると考えられる面も沢山あります。

第1章 高齢者介護を取り巻く情勢

■ 認知症の方の介護について、大切なことを教えてください。

認知症の方の介護については、人々の認知症に対する理解が重要だと思います。理解不足から生じる認知症に対する偏った見方により、望ましい判断・対応ができなくなってしまう可能性もあります。認知症の方を介護する上では、まずはケアラーが認知症についてよく知ることが大切です。また、「支援される側」の認知症の方と「支援する側」のそれ以外の者、という関係性ではなく、それぞれができることを尊重し合い、一緒に考えていくといった姿勢も大切だと思います。

「家族が認知症かもしれない」と思ったら、まずはかかりつけの医師に相談するのが一番です。専門的治療や診断が必要であれば、認知症専門医を紹介して頂けるはずです。医療という側面ではかかりつけ医、そして介護や生活の不安という側面では、私たち地域包括支援センターなどが有力な相談先になるでしょう。そして、医師と地域包括支援センターが連携することで、医療・介護（生活）両方の側面から認知症の方を支えられますので、両者の連携は非常に重要です。

■ 介護休業制度が、一般にはあまり知られていないようです。

介護休業制度の利用は推進するべきだと思っています。もっと休みを取りやすい仕組みや雰囲気があれば、より良い介護をしやすくなるでしょう。私も担当地域の中にある大きな企業に出向き、介護休業制度の研修をしたことがあります。出産や育児のための休みは一般的になりましたが、介護のための休みの認知度はそれほど高くありません。もっと多くの方に知っていただきたいと思います。ケアマネジャーの法定研修では、介護休業制度の説明がカリキュラムに含まれており、ケアマネジャーも、ケアラーに介護休業制度の利用を勧めるような活動をしています。要介護者を守る一方で、ケアラーの生活も守っていくことが同じくらい大切ですので、介護のための休暇をしっかりと取れる社会を作っていかなければなりません。

岐阜市地域包括支援センター南部のチラシ

岐阜市地域包括支援センター南部

介護の仕事

■ ケアマネジャーや介護の仕事について教えてください。

　私は、ケアマネジャーとは「対話力」で対人援助をする仕事だと考えています。事務的に進める仕事ではなく、人と直にお会いして話を聞き、できる限りの援助をしていく仕事です。相談にいらっしゃる方には、自分の気持ち、本当の気持ちをぜひ話していただきたいです。でもそのためには、ケアマネジャーである自分が、何でも話していただけるような関係性、信頼関係を作っていけるよう、日々努力しています。そしてケアマネジャーが常に念頭に置かなければならないのは、主体は援助者側にあるのではなくクライアント（支援される人）にあること、重要なのはクライアントのアドボカシー（権利やニーズを擁護・代弁したり、自己決定をサポートしたりする活動）を行うことだと考えています。

　一方で、相談にいらっしゃった方が非常に辛い境遇にあった場合でも、自分もそこに巻き込まれてはいけないので、専門職としての適切な距離感を保つことにも心がけています。

　キャビンアテンダントやコールセンター勤務者と同様、私たちの仕事は「感情労働」です。頭脳労働者や肉体労働者との違いは、感情労働者はバーンアウト（燃え尽き）しやすいことです。自分の感情を抑えて（押し殺して）お客様に対応することもあるので、気持ちの切り替えを上手に行わないといけません。ですから、プライベートを充実させることはとても大切だと考えています。

　介護に関心がある人には、是非この業界に来てくださいと言いたいです。やりがい、そして今の仕事をしていてよかったと思うことは、とても沢山あります。

聞き手：小島 一憲（十六総合研究所 主任研究員）
（インタビュー実施日：2024年7月4日）

第 2 章
高齢者介護に関する意識調査

第 2 章　高齢者介護に関する意識調査

　本書執筆にあたり、高齢者介護に関する人々の意識や知識は、住む地域の都市化の度合いに影響を受けると仮定し、その地域差を把握するために、岐阜県（都市部）、岐阜県（都市部を除く）、名古屋市、全国の4地域に居住する2,040人に対してwebアンケートを実施しました。しかし結果として、これらの地域間における回答のばらつきは、さほど大きくはありませんでした。このため、以下のレポートは特に地域別の表示がある場合を除き、全国の回答結果（回答者数510人）を対象とした分析結果を掲載しています。

調査要領

1. 調査方法　　webアンケート
2. 調査内容　　高齢者介護に関する意識調査
3. 調査期間　　2024年10月28日～10月30日
4. 回答状況　　有効回答　2,040人　（回答者の内訳は以下の通り）

回答者属性

性別	岐阜県（都市部）※		岐阜県（都市部を除く）		名古屋市		全国		合計	
男性	256	49.9%	252	49.5%	255	50.2%	255	50.0%	1,018	49.9%
女性	257	50.1%	257	50.5%	253	49.8%	255	50.0%	1,022	50.1%
合計	513	100.0%	509	100.0%	508	100.0%	510	100.0%	2,040	100.0%

※便宜上、総人口の多い岐阜市、大垣市、各務原市、多治見市の4市を岐阜県（都市部）と定義した。

年齢	岐阜県（都市部）				岐阜県（都市部を除く）				名古屋市				全国				合計			
	男性	女性	計	構成比	男性	女性	計	構成比	男性	女性	計	構成比	男性	女性	計	構成比	男性	女性	計	構成比
20-39歳	63	65	128	25.0%	62	65	127	25.0%	62	65	127	25.0%	65	65	130	25.5%	252	260	512	25.1%
40-49歳	65	64	129	25.1%	62	64	126	24.8%	65	61	126	24.8%	63	61	126	24.7%	255	252	507	24.9%
50-59歳	65	64	129	25.1%	64	63	127	25.0%	63	63	126	24.8%	63	65	128	25.1%	255	255	510	25.0%
60歳以上	63	64	127	24.8%	64	65	129	25.3%	65	64	129	25.4%	64	62	126	24.7%	256	255	511	25.0%
合計	256	257	513	100.0%	252	257	509	100.0%	255	253	508	100.0%	255	255	510	100.0%	1,018	1,022	2,040	100.0%

職業	岐阜県（都市部）				岐阜県（都市部を除く）				名古屋市				全国				合計			
	男性	女性	計	構成比	男性	女性	計	構成比	男性	女性	計	構成比	男性	女性	計	構成比	男性	女性	計	構成比
会社員	107	44	151	29.4%	107	41	148	29.1%	104	52	156	30.7%	104	44	148	29.0%	422	181	603	29.6%
会社役員・管理職	34	5	39	7.6%	22	1	23	4.5%	38	4	42	8.3%	32	2	34	6.7%	126	12	138	6.8%
公務員・団体職員	17	10	27	5.3%	24	13	37	7.3%	19	7	26	5.1%	25	14	39	7.6%	85	44	129	6.3%
自営業	13	4	17	3.3%	13	2	15	2.9%	14	5	19	3.7%	12	7	19	3.7%	52	18	70	3.4%
自由業・専門職	7	5	12	2.3%	6	7	13	2.6%	7	7	14	2.8%	9	8	17	3.3%	29	27	56	2.7%
派遣・契約社員	16	9	25	4.9%	10	19	29	5.7%	8	24	32	6.3%	10	15	25	4.9%	44	67	111	5.4%
パート・アルバイト	16	78	94	18.3%	23	91	114	22.4%	10	67	77	15.2%	15	72	87	17.1%	64	308	372	18.2%
学生	1	1	2	0.4%	2	1	3	0.6%	4	2	6	1.2%	3	2	5	1.0%	10	6	16	0.8%
専業主婦・専業主夫	1	75	76	14.8%	3	51	54	10.6%	5	64	69	13.6%	1	54	55	10.8%	10	244	254	12.5%
無職	37	22	59	11.5%	32	27	59	11.6%	43	21	64	12.6%	40	31	71	13.9%	152	101	253	12.4%
その他	7	4	11	2.1%	10	4	14	2.8%	3	0	3	0.6%	4	6	10	2.0%	24	14	38	1.9%
合計	256	257	513	100.0%	252	257	509	100.0%	255	253	508	100.0%	255	255	510	100.0%	1,018	1,022	2,040	100.0%

未婚・既婚	岐阜県（都市部）				岐阜県（都市部を除く）				名古屋市				全国				合計			
	男性	女性	計	構成比	男性	女性	計	構成比	男性	女性	計	構成比	男性	女性	計	構成比	男性	女性	計	構成比
既婚	161	171	332	64.7%	133	158	291	57.2%	138	155	293	57.7%	138	159	297	58.2%	570	643	1,213	59.5%
未婚	95	86	181	35.3%	119	99	218	42.8%	117	98	215	42.3%	117	96	213	41.8%	448	379	827	40.5%
合計	256	257	513	100.0%	252	257	509	100.0%	255	253	508	100.0%	255	255	510	100.0%	1,018	1,022	2,040	100.0%

同居子供人数	岐阜県（都市部）				岐阜県（都市部を除く）				名古屋市				全国				合計			
	男性	女性	計	構成比	男性	女性	計	構成比	男性	女性	計	構成比	男性	女性	計	構成比	男性	女性	計	構成比
0人	160	140	300	58.5%	181	159	340	66.8%	177	166	343	67.5%	186	161	347	68.0%	704	626	1,330	65.2%
1人	39	65	104	20.3%	32	50	82	16.1%	38	51	89	17.5%	27	43	70	13.7%	136	209	345	16.9%
2人	39	42	81	15.8%	33	38	71	13.9%	30	27	57	11.2%	29	38	67	13.1%	131	145	276	13.5%
3人	10	8	18	3.5%	3	6	9	1.8%	10	7	17	3.3%	5	12	17	3.3%	28	33	61	3.0%
4人以上	8	2	10	1.9%	3	4	7	1.4%	0	2	2	0.4%	8	1	9	1.8%	19	9	28	1.4%
合計	256	257	513	100.0%	252	257	509	100.0%	255	253	508	100.0%	255	255	510	100.0%	1,018	1,022	2,040	100.0%

※　本章（アンケートの分析）については、文末を「である調」で記述しています。

調査結果の概要

- 自分が介護を受けるにあたって、回答者の約6割が「金銭面」、半数近くが「家族への負担」を心配している。社会問題となっている「介護人材不足」は回答者の約3割、「予算不足」は約2割にとどまった。
- 「自分が一定の要介護状態なら施設に入所したい」と回答した割合が「親が一定の要介護状態なら施設に入所してもらいたい」と回答した割合を上回っており、「自分は親をできる限り在宅で介護したいが、自分が家族から同様な介護を受ける場合は施設に入りたい」と考えている人が一定数いる。また、女性は男性に比べて、在宅より施設での介護（する場合もされる場合も）を望む人が多い傾向がある。
- 介護の負担が大きい場合でも在宅介護を選択する理由として、岐阜県・名古屋市においては「金銭面」を挙げた人の割合が全国より高い。
- 外国人介護人材から介護を受けることに関して「抵抗感はない」と回答したのは全体の3割弱にとどまり、7割強は程度の差こそあれ「抵抗感はある」と回答した。
- 公的介護サービスの水準と個人負担の水準の適正なバランスについては、「サービス水準維持」「個人の負担抑制」「現状維持」と回答した人が、概ね3分の1ずつだった。
- 近所の人や地域の人が認知症の人を温かく見守り、場合によっては手助けをしてくれるような「地域の見守り力」は、都市化が進むほど希薄になる傾向が見られる。
- 介護予防に関する考え方を尋ねたところ、「自分には関係ない」と回答した割合は1割未満と低く、程度の差こそあれ関心は高いことがうかがえる。

2.1. 高齢者介護に関する意識

2.1.1. 介護を受けるにあたっての心配

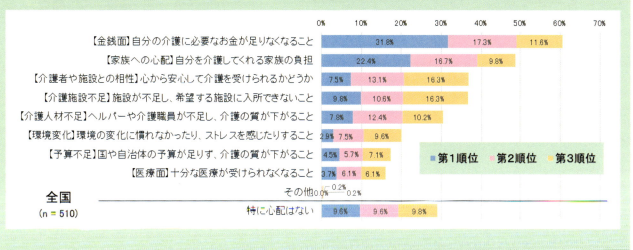

図表 2-1
Q1 誰もが高齢になると、在宅や施設などで介護を受ける可能性があります。介護を受ける（受け続ける）にあたり、どのような心配がありますか。心配だと感じる事柄を、そう思う順に3つ以内で選んでください。

介護を受けるにあたっての心配している事について尋ねたところ、1位は「金銭面」（自分の介護に必要なお金が足りなくなること）、2位は「家族への心配」（自分を介護してくれる家族の負担）となった【図

表2-1】。第3順位までを合計すると、「金銭面」を選んだ人の割合は60.7%、「家族への心配」を選んだ人の割合は48.9%となり、回答者の約6割は自分の介護資金が不足することを、半数近くは自分の介護のために家族に負担をかけることを心配しているという結果となった。次いで「介護者や施設との相性」「介護施設不足」と回答した人が多く、第3順位までを合計すると回答者の3割強がこれらを心配している。

全国的に介護人材不足や医療・介護などの社会保障費の増加が懸念されているが、第3順位までを合計しても「介護人材不足」と回答した人は約3割、「予算不足」は約2割にとどまった。こうした社会的な問題を選択する人が相対的に少ないのは、自分や家族の生活に直接関わる「金銭面」や「家族への負担」などの方が、「自分ごと」としてより不安を感じるためだと考えられる。

また、「医療面」（十分な医療が受けられなくなること）を選んだ人の割合は、第3順位までを合計しても15.9%と、すべての選択肢の中で最も低かった。全国的な医師不足（偏在）が話題になっているが、介護を必要とする状況においては、医療的な処置も必要なケースが多いという実態が、あまり知られていない可能性がある。

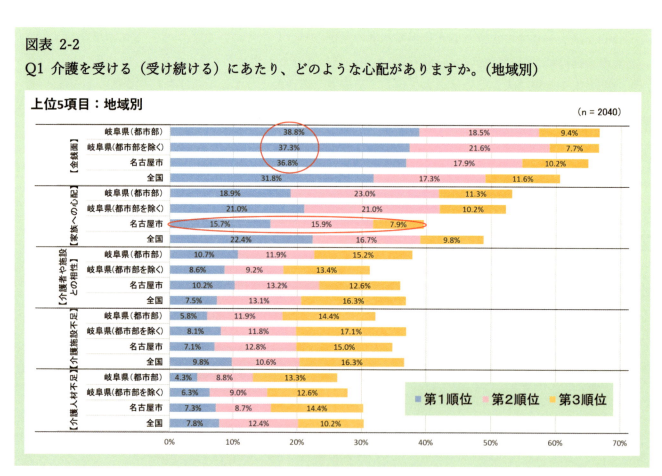

図表 2-2
Q1 介護を受ける（受け続ける）にあたり、どのような心配がありますか。（地域別）

上位5項目について地域別に傾向を見ると、岐阜県・名古屋市において「金銭面」を心配する人の割合が全国よりやや高い傾向が見られた【図表2-2】。東海地区は金銭面において保守的と言われており、介護にかかる支出がいくらになるかは事前には分からない（具体的な資金計画を立てられない）ため、心配に感じる人が多いのではないだろうか。

名古屋市は「家族への心配」と回答した割合が相対的に低かった。都市部は核家族化、少子化、未婚化の傾向が強いため、自分の介護は家族ではなく訪問介護や介護施設などプロに任せたいと考えている人が多いからではないかと考える。

図表 2-3
Q1 介護を受ける（受け続ける）にあたり、どのような心配がありますか。（年齢別）

年齢別に見ると、60歳以上で「金銭面」の割合が低く、「介護施設不足」の割合が高かった【図表2-3】。この階層は子育てを終え、年金と退職金を含む貯蓄で生活をしている人も多い。貯蓄額のうち自分の介護に使える金額を把握できていることが、他の階層に比べて「金銭面」の心配が少ない理由と考えられる。また、介護をより「自分ごと」として捉え始める年代でもあり、希望する介護施設に入ることがなかなか難しいといった自らの経験や周囲の情報などから、「介護施設不足」を心配する人の割合が高くなったと考えられる。

2.1.2. 介護する場合と介護される場合の意識の差

図表 2-4
Q2 自分の親(設問A)や、自分(設問B)が要介護状態になった場合の対応についてうかがいます。

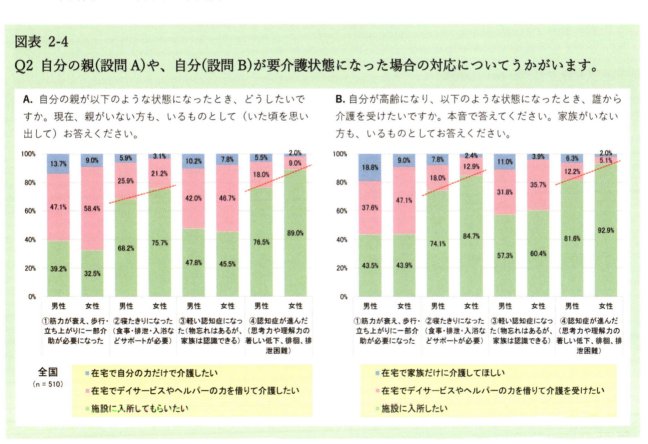

Q2では介護が必要となる①〜④のケースを想定し、どのような形態で自分の親を介護したいか（設問A）、自分が介護を受けたいか（設問B）を3つの選択肢から選んでもらった。①②は身体的な要因、③④は認知症により介護が必要になるケースであり、①より②、③より④の方が介護者の負担が大きい。

介護が必要となるケースの想定

	身体的要因で介護が必要になるケース	認知症により介護が必要となるケース
負担小	①筋力が衰え、歩行・立ち上がりに一部介助が必要になった	③軽い認知症になった（物忘れはあるが、家族は認識できる）
負担大	②寝たきりになった（食事・排泄・入浴などサポートが必要）	④認知症が進んだ（思考力や理解力の著しい低下、徘徊、排泄困難）

結果、設問 A、設問 B いずれも、①より②、③より④の方が「施設に入所してもらいたい」や「施設に入所したい」を選択する割合が高く、特に④（重度の認知症）のケースでは、回答者の 4 分の 3 以上が施設入所を希望した【図表 2-4】。一方で、介護負担の大きい②や④のケースでも、家族だけによる介護や、在宅での介護を希望する人も一定数存在する。その理由については Q3 を参照いただきたい。

性別に見ると、②や④のような介護負担が大きいケースでは、A、B いずれも男性より女性の方が施設入所を希望する人の割合が高い。これには A、B それぞれに、いくつかの理由が考えられる。

設問 A（介護する立場）の場合

外で働く女性が増えている中、「家事・育児は女性の仕事」という性別役割分業意識は根強く残っている。女性は外での仕事に加え家事の負担も大きく、在宅介護に充てられる時間の確保に課題があることに加え、体位変換など筋力を必要とするケアや、重度の認知症など 24 時間の見守りが必要なケースなどへの対応に不安を感じやすいことから、サービスや設備の整った施設介護に対してポジティブな印象を持つ傾向があると考えられる。

一方、男性には「一家の大黒柱として家族を養うべき」という固定観念、いわゆる「大黒柱バイアス」が根強く残っており、これに「介護費用を確保しなければならない」という意識が加わることで、施設介護を選択しにくい可能性がある。Q3 で後述する「施設ではなく、在宅で介護したいと思った理由」においても、男性の方が経済的な理由で在宅介護を選択した割合が高かった。

設問 B（介護される立場）の場合

日本の平均寿命は男性（81 歳）より女性（87 歳）の方が長いため、自身が介護を受ける年齢になった時点で、男性は配偶者である妻による介護を想定しやすい一方、女性は配偶者と死別し、独居で介護を受けることを想定する傾向があると考えられ、これがアンケート結果に影響した可能性がある。

また、女性の方が、排泄介助（おむつ交換を含む）や入浴介助などを身内に依頼することへの心理的抵抗が強く、専門職に任せた方が人としての尊厳を保てると考える傾向があると考えられる。さらに、女性は以前から家事や子育てなど、家庭内で「ケアをする」立場にあった人が多く、自身が「ケアを受ける」立場になること（ロールチェンジ）への心理的抵抗から、施設入所の方が精神的な負担が少なく、安心できると感じる人も少なくないと思われる。

また、A と B の比較では、①～④のすべてのケースにおいて、B で「施設に入所したい」と回答した割合が、A で「施設に入所してもらいたい」と回答した割合を上回っている。これは、「自分は親をできる限り在宅で介護したいが、自分が家族から同様な介護を受けて負担をかけるくらいなら施設に入りたい」と考える人が一定数いるためであると考えられる。

2.1.3. 介護の負担が大きくても在宅介護を選択する理由

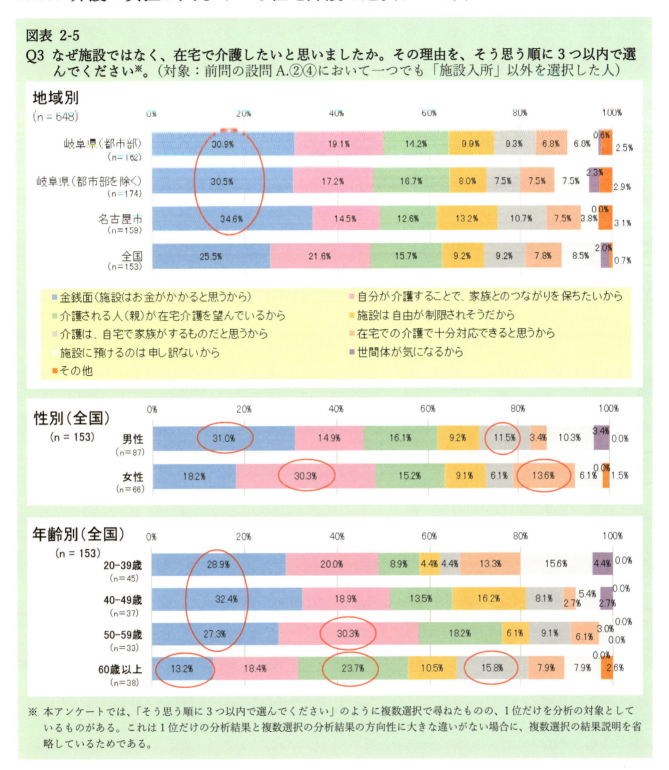

介護の負担が大きくても在宅介護を選択する理由は、回答者の属性によって異なる傾向が見られた。

地域別に見ると、岐阜県・名古屋市において「金銭面」と回答した人の割合が全国より高かった【図表2-5】。東海地区では、介護についてもできる限りお金がかからないよう、節約を重視する傾向が見られる。

性別に見ると、男性は「金銭面」と「介護は、自宅で家族がするものだと思うから」と回答した人の割合が女性より高かった。前者の理由については、男性が家計収入の大半を稼ぐ家庭が多く、施設入所による経済面の不安を感じやすいためと考えられる。後者の理由については、「親の世話は長男（跡取り）が見るもの」という地域の伝統的な家族観を反映したものと考えられる。一方女性は、「自分が介護することで、家族とのつながりを保ちたいから」と「在宅での介護で十分対応できると思うから」と回答した人の割合

が男性より高かった。前者の理由については、長時間労働などにより家を空けがちな男性に比べ、自宅にいる時間が比較的長い女性は、在宅介護による家族との絆を維持するメリットを感じやすいためと考えられる。後者の理由については、さまざまな情報や過去の介護経験などから、在宅での介護を前向きに捉えているためと考えられる。

年齢別に見ると、60歳以上で「金銭面」の割合が低く、「介護される人（親）が在宅介護を望んでいるから」「介護は、自宅で家族がするものだと思うから」の割合が高かった。また50〜59歳では、「自分が介護することで、家族とのつながりを保ちたいから」の割合が高かった。

2.1.4. 希望する介護者（介護内容別）

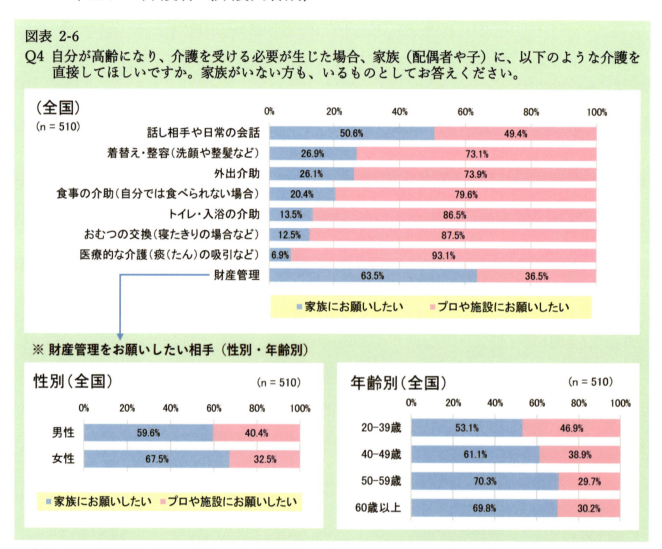

自分が要介護状態となった場合、家族（配偶者や子）に、どのような介護を直接してほしいかを尋ねた。「話し相手や日常の会話」といった、身体面での介護負担が低い内容では、約半数が「家族にお願いしたい」と回答したが、介護負担が高まるほどその割合は低下し、「トイレ・入浴の介助」や「おむつの交換」は、約9割が「プロや施設にお願いしたい」と回答した【図表2-6】。「家族にお願いしたい」と回答した割合が最も低かったのは「医療的な介護」（6.9％）であり、身体面・精神面での負担に加え、医療に準じた行為を素人に任せることに不安があることも、プロにお願いしたい理由であると考えられる。

介護とはやや異なるが、「財産管理」については、全体の63.5％が「家族にお願いしたい」と回答した。財産の管理は、他人ではなく身内にお願いした方が安心できるからだろう。また、財産管理を依頼できるプロや仕組みの存在があまり知られていないことも理由として考えられる。性別では男性より女性の方が、年齢別では概ね高齢になるほど、「家族にお願いしたい」と回答した割合が高かった。

2.1.5. 外国人介護人材から介護を受けることについて

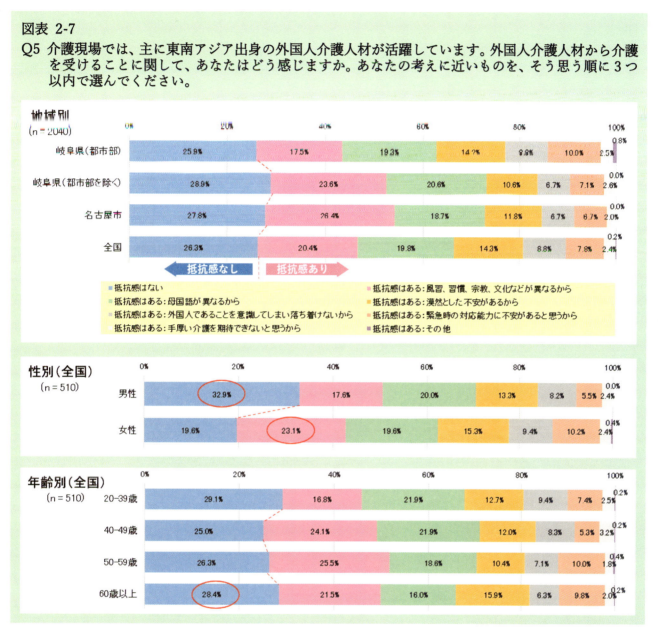

図表 2-7
Q5 介護現場では、主に東南アジア出身の外国人介護人材が活躍しています。外国人介護人材から介護を受けることに関して、あなたはどう感じますか。あなたの考えに近いものを、そう思う順に3つ以内で選んでください。

　外国人介護人材から介護を受けることに関して「抵抗感はない」と回答したのは全体の3割弱にとどまり、7割強は程度の差こそあれ「抵抗感はある」と回答した【図表2-7】。この傾向に大きな地域差は見られなかった。抵抗を感じる要因としては、「風習、習慣、宗教、文化などが異なるから」「母国語が異なるから」「漠然とした不安があるから」と回答した人が多かった。

　性別に見ると、「抵抗感はない」と回答した割合は、女性より男性の方が高かった。女性では「抵抗感はある：風習、習慣、宗教、文化などが異なるから」を選択した割合が最も高かった。異なる背景を持つ外国人介護人材とコミュニケーションが上手く取れるかを気にかける人が多いからだろう。

　年齢別に見ると、高齢な人ほど外国人介護人材に抵抗があるのではないかと予想していたが、60歳以上で「抵抗感はない」と回答した割合は28.4％と、40～49歳や50～59歳よりも高かった。外国人介護人材は概して真面目で、介護や日本語を一生懸命学んでいる人も多く、その働きぶりを高く評価する人は多い。60歳以上は、間接・直接を問わず、実際に介護に接したことがある割合が最も高い年齢階層と考えられるため、こうした外国人介護人材を抵抗感なく受け入れる人も少なくないと考える。

2.1.6. 介護予防に関する認識

図表 2-8
Q6 介護予防※に関して、あなたの考え方に近いものを、そう思う順に2つ以内で選んでください。

※ 介護予防とは、高齢者が要介護状態や寝たきりになることを防ぐために、身体機能の低下や認知症の進行を遅らせるための取り組みを意味する。すでに要介護の状態にある人の状況を悪化させない（できれば改善する）ための取り組みも含む。
【例】適度な運動、バランスの良い食事、口腔ケア、人との交流など

（全国） (n = 510)

色が濃いグラフ・・・第1順位
色が薄いグラフ・・・第2順位

選択肢	第1順位	第2順位
自分には関係ない	7.6%	2.7%
関心はあるが、あまり身近なものに感じない	27.1%	8.0%
要介護状態にならないよう、健康について情報を集めたいと思う	33.1%	30.0%
自治体などが主宰する催し（教室・講演会・クラブなど）があれば参加したいと思う	4.3%	13.7%
情報を集め、自分にできること（続けられること）をしていきたいと思う	27.6%	33.7%
その他	0.2%	0.2%

地域別 (以下、第1順位のみ) (n = 2040)

地域	自分には関係ない	関心はあるが、あまり身近なものに感じない	要介護状態にならないよう、健康について情報を集めたいと思う	自治体などが主宰する催し（教室・講演会・クラブなど）があれば参加したいと思う	情報を集め、自分にできること（続けられること）をしていきたいと思う	その他
岐阜県（都市部）	6.8%	27.1%	35.5%	3.9%	26.3%	0.4%
岐阜県（都市部を除く）	5.3%	25.9%	32.8%	5.7%	29.9%	0.4%
名古屋市	7.9%	25.2%	30.9%	4.1%	31.1%	0.8%
全国	7.6%	27.1%	33.1%	4.3%	27.6%	0.2%

性別（全国） (n = 510)

性別	自分には関係ない	関心はあるが…	要介護状態にならないよう…	自治体などが主宰する催し…	情報を集め、自分にできること…	その他
男性	10.6%	31.0%	32.9%	3.1%	22.0%	0.4%
女性	4.7%	23.1%	33.3%	5.5%	33.3%	0.0%

年齢別（全国） (n = 510)

年齢	自分には関係ない	関心はあるが…	要介護状態にならないよう…	自治体などが主宰する催し…	情報を集め、自分にできること…	その他
20-39歳	16.9%	30.8%	26.9%	4.6%	20.0%	0.8%
40-49歳	5.6%	31.7%	34.1%	3.2%	25.4%	0.0%
50-59歳	3.9%	22.7%	33.6%	3.9%	35.9%	0.0%
60歳以上	4.0%	23.0%	38.1%	5.6%	29.4%	0.0%

　介護予防に関する認識を尋ねたところ、「自分には関係ない」と回答した割合は第2順位まで合算しても約1割と低く、程度の差こそあれ全体的に関心は高いことがうかがえる【図表2-8】。また、「関心はあるが、あまり身近なものに感じない」「要介護状態にならないよう、健康について情報を集めたいと思う」「情報を集め、自分にできること（続けられること）をしていきたいと思う」と回答した人の割合が高かった。「自治体などが主宰する催し（教室・講演会・クラブなど）があれば参加したいと思う」と回答した人の割合は、第2順位まで合算しても2割に満たず、こうした催しに積極的に参加しようとする人は一部に限られているようだ。

性別に見ると男性より女性の方が、年齢別に見ると高齢になるほど「要介護状態にならないよう、健康について情報を集めたいと思う」や「情報を集め、自分にできること（続けられること）をしていきたいと思う」のように、積極的に行動をしたいと考えている人が多い傾向が見られた。

2.2. 社会的な視点から見た高齢者介護

2.2.1. 将来の高齢者介護に望むもの

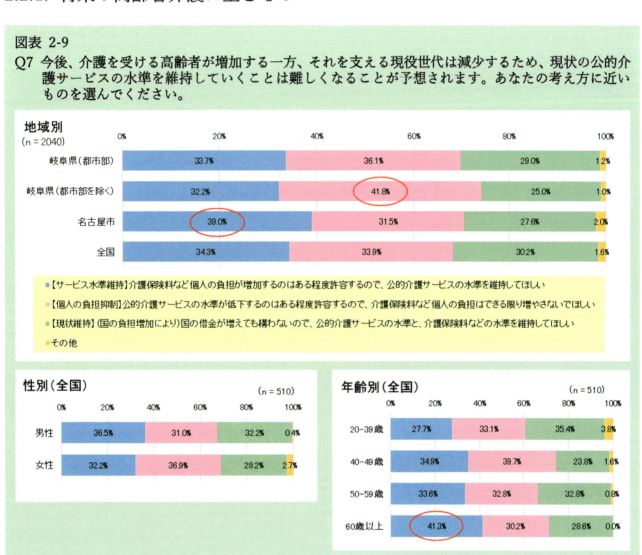

図表 2-9
Q7 今後、介護を受ける高齢者が増加する一方、それを支える現役世代は減少するため、現状の公的介護サービスの水準を維持していくことは難しくなることが予想されます。あなたの考え方に近いものを選んでください。

公的介護サービスの水準と個人負担の水準の適正なバランスについて尋ねたところ、回答者の意見は分かれ、「サービス水準維持」「個人の負担抑制」「現状維持」が、概ね3分の1ずつという結果となった【図表2-9】。回答者の約3割が「国の借金が増えても構わないので、公的介護サービスの水準と、介護保険料などの水準を維持してほしい」と回答したのはやや驚きであるが、「サービス水準維持」と「個人の負担抑制」のどちらかを選ぶことは困難で、結果として後世に借金の負担が回ってしまうのもやむを得ないと考える人が少なくないことが分かった。

地域別に傾向を見ると、名古屋市では、個人負担が増加しても「サービス水準維持」を望む声が他地域より多かった。都市部では介護サービスが充実しており比較的収入も多いことから、現在のサービス水準の維持を期待する人が多いからではないだろうか。岐阜県（都市部を除く）では介護サービスの水準が低下しても「個人負担の抑制」を望む声が他地域より多かった。都市部と比べて地方では、家族や地域の結

びつきが強く、公的介護サービスの水準が多少低下しても、家族や地域の助け合いでカバーできる部分が比較的多いからではないかと考える。

年齢別に見ると、60歳以上で「サービス水準維持」と回答した割合が4割を超えている。介護経験（直接・間接を問わず）のある人の割合が最も高いと考えられるこの層で、「介護保険料など個人の負担が増加するのはある程度許容するので、公的介護サービスの水準を維持してほしい」と回答した人の割合が最も高いということは、現状の公的介護サービスは、これ以上のサービスレベルの低下を許容することは難しい水準（少なくとも過剰ではない）にあると考える人が相当数いることを意味しているのではないだろうか。

2.2.2. 地域の見守り

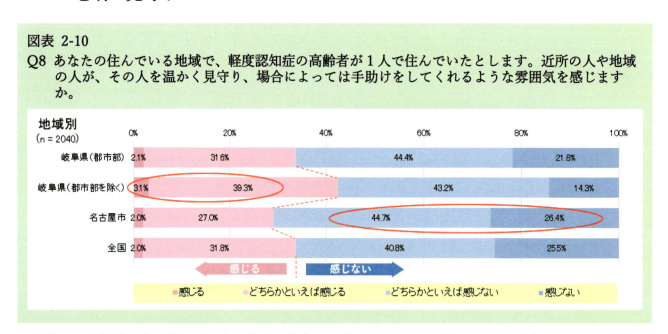

近所の人や地域の人が認知症の人を温かく見守り、場合によっては手助けをしてくれるような雰囲気を「感じる」「どちらかといえば感じる」と回答した割合が、岐阜県（都市部を除く）、岐阜県（都市部）、名古屋市の順に高いことから、都市化が進むほど、地域の「見守り力」が希薄になる傾向が見られる【図表2-10】。都市部に多い集合住宅では、互いのプライバシーへの配慮もあり、住民同士が互いを知り合う機会も限られること、一方地方では、町内会などの自治組織や祭りなどの地域行事を通じて、住民同士の距離が近くなることなどが、その背景にあるものと考える。

2.3. 高齢者介護に関する知識

2.3.1. 介護の制度・概念・用語の認知度

介護に関連する各種制度、概念、用語について、どの程度知っているかを尋ね、地域別【図表 2-11】、性別【図表 2-12】、年齢別【図表 2-13】に分析した。

図表 2-11
Q9 以下について、どのようなものか知っていますか。(地域別)

※「介護予防」については、Q6の設問文で定義を説明しているが、実際のアンケートは本問の方を先に回答してもらっている。

地域別に見ると、岐阜県・名古屋市では、「概ね知っている」と回答した割合が全国を下回る項目が多く、介護関連用語の理解度はやや低いと言えそうだ【図表 2-11】。

全体の傾向は似通っている。介護保険やケアマネジャーについては、マスコミでもよく採り上げられることもあり「知らない」と回答した人は少なかった。介護予防、介護休業（制度）、認知症サポーターは、回答者の半数近くが「知らない」と回答しており、認知度は低いようだ。地域における包括支援体制の要（かなめ）とも言える地域包括支援センターについては、3割前後が「知らない」と回答した。

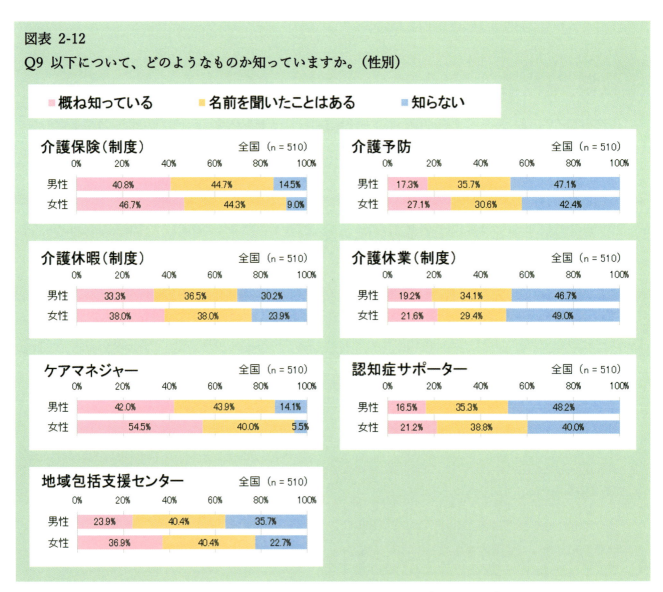

　性別に見ると、ほとんどの項目で女性の認知度が男性を上回った【図表 2-12】。その理由としては、女性の方が直接介護に触れる機会が多いことが考えられる。

　唯一、介護休業（制度）に関しては、女性の認知度が男性を下回った。パートなどの非正規雇用者は離職のハードルが低いこともあり、介護休業制度は非正規雇用が多い女性にとって、比較的馴染みが薄いためであると考える。

図表 2-13
Q9 以下について、どのようなものか知っていますか。（年齢別）

　年齢別に見ると、多くの項目において、高齢になるほど認知度も上昇する傾向が見られた【図表2-13】。
　ただし、介護保険（制度）、介護予防、介護休暇（制度）、介護休業（制度）、認知症サポーターなどでは、50～59歳が、40～49歳や60歳以上より「概ね知っている」と回答した割合が低かった。50～59歳の「認知症サポーター」の認知度が低いのは、学校や職場などで実施される「認知症サポーター養成講座」などを受講する機会が少なかったことが、理由の一つと考えられる。

十六総合研究所の取り組み　1

　十六総合研究所は、当社で実施したアンケートの結果をプレスリリースしました。また、地元メディアへの寄稿や弊社機関誌への記事の掲載を通じて、地域の皆さまへ本書の趣旨をお知らせする取り組みを行っています。

◆ 2025年3月8日　岐阜新聞　朝刊

「金銭面が心配」60％―

十六総研意識調査　60歳以上「施設不足」懸念

　十六総合研究所が行った高齢者介護に関する意識調査による と、自分が介護を受けることに対して、全国回答者の60.7％が「金銭面」を心配していることが分かった。年齢別にみると40、50代は「金銭面」への心配が大きく、60歳以上は「介護施設不足」に対する懸念の割合が高かった。

　アンケートは昨年10月にウェブで実施した。県内都市部（岐阜、大垣、各務原、多治見の4市）、県内他地域、名古屋市、全国を対象に計2040人から有効回答を得た。4月に発表する提言書に反映させる。

　自分の介護に対する心配事は、全国510人が回答した1〜3位の回答割合を合計した。「金銭面」に次いで2位が「家族への心配」の48.9％、3位が「介護者や施設との相性」の36.9％、4位が「介護施設不足」の36.7％と続いた。地域別にみると、名古屋市において「金銭面」を1番に挙げる割合が全国よりもやや高い傾向にあり、研究所は「東海地区は金銭面において保守的と言われ、心配に感じている人が多いのではないか」と分析する。

◆ 十六総合研究所機関誌「経済月報」　2025年2月号

Special Report【特別レポート】
高齢者介護に関する意識調査

十六総合研究所 主任研究員　小島 一恵

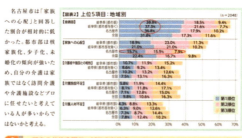

　十六総合研究所は、高齢者介護に関する人々の意識や知識が居住地域の都市化の度合いによって異なるかを検証するため、岐阜県（都市部）※1、岐阜県（都市部を除く）、名古屋市、全国の4地域に暮らす2,040人を対象にWebアンケートを実施し、昨年12月に調査結果の一部についてプレスリリース※2を行った。本稿では、その内容の一部を紹介する。

　なお、調査結果の全容は、今春発行予定の提言書「これからの高齢者介護（仮題）」に掲載する予定である。

【調査要領】
1. 調査方法／webアンケート
2. 調査内容／高齢者介護に関する意識調査
3. 調査期間／2024年10月28日〜10月30日
4. 回答状況／有効回答　2,040人

※1 岐阜県（都市部）は、便宜上、人口の多い岐阜市、大垣市、各務原市、多治見市の4市と定義した。
※2 詳細は弊社ホームページ https://www.16souken.co.jp/ をご覧いただきたい。

【調査結果の概要】
・自分が介護を受けるにあたって、回答者の約6割が「金銭面」、半数近くが「家族への負担」を心配している。社会問題となっている「介護人材不足」は回答者の約3割、「予算不足」は約2割にとどまった。
・公的介護サービスの水準と個人負担の水準の適正なバランスについては、「サービス水準維持」「個人の負担抑制」「現状維持」と回答した人が、概ね3分の1ずつだった。

1　介護を受けるにあたっての心配事

　介護を受けるにあたっての心配事について尋ねたところ、1位は「金銭面」（自分の介護に必要なお金が足りなくなること）、2位は「家族への心配」（自分を介護してくれる家族の負担）となった【図表1】。第3順位までを合計すると、「金銭面」を選んだ人の割合は60.7％、「家族」を選んだ人の割合は48.9％となり、回答者の約6割は自分の介護資金が不足することを、半数近くは自分の介護のために家族に負担をかけることを心配しているという結果となった。

　上位5項目について地域別に傾向を見ると、岐阜県・名古屋市において「金銭面」を心配する人の割合が全国よりやや高い傾向が見られた【図表2】。東海地区は金銭面において保守的と言われており、介護にかかる支出がいくらになるかは事前には分からない（具体的な資金計画を立てられない）ため、心配に感じる人が多いのではないだろうか。

　名古屋市は「家族への心配」と回答した割合が相対的に低かった。都市部は核家族化、少子化、未婚化の傾向が強いため、自分の介護は家族ではなく訪問介護や介護施設などプロに任せたいと考えている人が多いからではないかと考える。

2　将来の公的介護サービスのあり方

　公的介護サービスの水準と個人負担の水準の適正なバランスについて尋ねたところ、回答者の意見は分かれ、「サービス水準維持」「個人の負担抑制」「現状維持」が、概ね3分の1ずつという結果となった【図表3】。回答者の約3割が「国の借金が増えても構わないので、公的介護サービスの水準と、介護保険料などの水準を維持してほしい」と回答したのはやや驚きであるが、「サービス水準維持」と「個人の負担抑制」のどちらかを選ぶことは困難で、結果として接生に借金の負担が回ってしまうのもやむを得ないと考える人が少なくないことが分かった。

　地域別に傾向を見ると、名古屋市では、個人負担が増加しても「サービス水準維持」を望む声が他地域より多かった。都市部では介護サービスが充実しており比較的収入も多いことから、現在のサービス水準の維持を期待する人が多いからではないだろうか。岐阜県（都市部を除く）では介護サービスの水準が低下しても「個人負担の抑制」を望む声が他地域より多かった。都市部と比べて、地方では家族や地域の結びつきが強く、公的介護サービスの水準が多少低下しても、家族や地域の助け合いでカバーできる部分が比較的多いからではないかと考える。

※　内容は本誌掲載内容を一部要約したものです。

第 3 章
提 言
これからの高齢者介護

第 3 章　提言　これからの高齢者介護

　親や配偶者など自分の家族を介護する立場になった場合、できる限り手厚く介護したいと考える人は多いでしょう。また、自分が介護を受ける立場になった場合も、満足できる一定水準以上の介護を受けたいと思うのは自然なことです。しかし、介護のために支払うことができる資金も、介護する人（自分や家族）の体力や時間も、介護人材の数も、介護保険の財源にも限りがあります。こうしたさまざまな制約の中で、私たちは「過不足のない効率的な介護」を目指していく必要があります。本章では、これからの高齢者介護が持続可能でより良いものになることを願って、第1章・第2章で見た課題を踏まえ、具体的な提言を行います。

3.1.　「五方よし」の高齢者介護

　近江商人の心得として「三方よし」の理念はとても有名です。これは「売り手よし」「買い手よし」「世間よし」の三つの「よし」を指し、商売に関わるすべての主体が満足することが好ましいとするものです。これは、単に売り手と買い手がそれぞれの利益を追求するだけではなく、社会全体の利益も考慮しなければならないというもので、現在のCSR※1やSDGs※2にもつながります。この「三方よし」にヒントを得て、私たちは高齢者介護に関しては「五方よし」を目指すべきだと考えます。

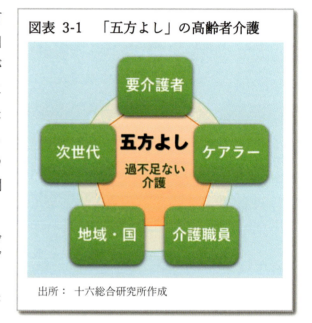

図表 3-1　「五方よし」の高齢者介護

出所：十六総合研究所作成

※1 CSR：Corporate Social Responsibility の略称。企業の社会的責任のことで、事業活動を行うに際し、企業が環境や社会に対して果たすべき責任を意味します。

※2 SDGs：Sustainable Development Goals の略称。持続可能な開発目標を意味し、2030年までに達成すべき、17の目標と169の達成基準により構成されています。

　五方とは、要介護者、ケアラー（家族介護者）、介護職員、地域・国、次世代の人々を指します。それらすべての主体が最高の「満足」を得るのは非常に難しいため、少なくともみんなが「納得」できる、過不足ない水準の介護が行われることが現実的なゴールになると思います。このため、高齢者介護の「五方よし」を実現するためには、それぞれの主体が少しずつ何かを抑制（我慢）し、他とのバランスを取っていくことが望まれます。

高齢者介護の五方よし

①要介護者	介護保険の財源や、介護人材の不足から、現在の公的介護サービスの水準を維持していくことはすでに困難になっています。サービス維持のためには、介護保険料の引き上げや利用者負担の増加、サービス内容の低下などを、一定程度は受け入れざるを得ないと思われます。 　かつては社会的弱者の保護の側面が強かった社会的介護ですが、現代の介護保険制度は高齢者の「自立支援」を基本理念としています。要介護者は、健康管理・介護予防や将来を見越した資金計画などの自身の努力（自助）を第一に、不足する

	部分を、 ①家族・友人・近隣住民・民生委員・ボランティア・NPOなどによる、インフォーマルな（制度に基づかない）支え合い（互助） ②制度化された、介護保険・医療保険などの社会保険制度やサービスによる相互扶助（共助） ③行政（公費）による公的福祉サービス（公助） で賄っていくという意識が、いっそう大切になると考えます。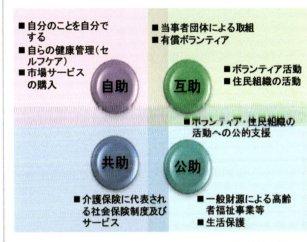 図表 3-2　地域包括ケアシステムを支える「自助・互助・共助・公助」 出所：三菱UFJリサーチ＆コンサルティング「＜地域包括ケア研究会＞地域包括ケアシステムと地域マネジメント」（地域包括ケアシステム構築に向けた制度及びサービスのあり方に関する研究事業）、平成27年度厚生労働省老人保健健康増進等事業、2016年
②ケアラー（家族介護者）	ケアラーは、介護に全力を注ぎすぎてしまうと、自分の時間が十分に取れなかったり、望まぬ介護離職を余儀なくされてしまったり、社会から孤立してしまったりすることがあります。さらには、経済的困窮や要介護者への虐待、自殺などの問題に発展する場合もあります。地域のケアシステムについて情報を集め、適切に利用していくことが、家庭の幸せだけでなく、過不足のない介護にもつながると考えます。 　かつて日本では、介護は自宅で家族が行うものであるという考え方が主流でした。しかし、介護保険制度の普及により、私たちは自ら介護の手段を選択できるようになり、現在では、「介護は社会全体で担うもの」という考え方が一般的になりました。介護を受ける人も、介護をする人も、社会から孤立することなく、むしろ積極的に社会と関わりを持ち、一人ですべてを背負わず、介護にかかる負担を社会全体で引き受けていくことが大切です。
③介護職員	介護職員は、社会基盤を維持していく上で不可欠な労働者（エッセンシャルワーカー）なのですが、一般に所得水準が低いことが指摘されています。 　本来、介護職員には、その働きに見合った報酬と社会的評価が与えられなければなりません。増大する要介護者のニーズと、財源や人員といった制約のはざまで、介護職員が過剰な負担を背負ったり、十分な給与や労働環境が確保されなかったりするようなことがないよう、介護ロボットやICT等のテクノロジーや、タスクシフティングによる介護助手の活用など、国を挙げての対応が急がれます。
④地域・国	要介護者に必要なサービスが提供されると同時に、ケアラーが介護のために不幸にならない社会や地域のケアシステムの構築が必要です。しかし一方で、介護を担う地域の人材は不足し、介護保険を含む国の社会保障費は増大しています。サービス体制の維持や財政に、過剰な負担がかかりすぎるような介護システムは持続可能とは言えません。地域や国は、持続可能な無理のない地域包括ケアの実現のために、介護サービスのあり方を常に見直し、無駄をなくしていく必要があります。

⑤次世代	介護保険の仕組み上、現役世代（次世代）が納める税金や保険料が高齢者介護に充てられており、現代の高齢者介護は現役世代の支えなしでは成り立ちません。今後も一定の負担が求められる状況は続きます。 　しかし、次世代に介護のための国の借金が雪だるま式に積み重なっていく状況は健全とは言えません。現在の高齢者介護体制を考える際に、次世代の人々の幸せも十分に考慮していく必要があります。

　高齢者介護は、過剰であっても足りなくても適正ではなく、五方よしの過不足のない効率的な介護をしていかなければなりません。私たちは高齢者介護について今以上に学び、介護する／される自分たちだけでなく、介護職員、地域や国、次世代にも配慮した、望ましい介護のあり方を追求していく必要があります。

十六総合研究所の取り組み　2

　十六総合研究所は、地元メディアへの寄稿などを通じて、地域の皆さまへ本書の趣旨をお知らせする取り組みを行っています。

◆ 2024年12月27日　中日新聞　朝刊

適正な介護サービス 模索を　「シンク発タンク」

　少子高齢化の波は、今や社会の根幹を揺るがす大きな課題となった。介護を必要とする高齢者は増加の一途をたどる一方、それを支える現役世代は年々減少している。公的介護サービスは、介護保険料と税金によって支えられているが、税収不足により国の借金は加速度的に膨らんでいる。

　私たちは今、厳しい選択を迫られている。①個人の介護保険料負担を増やし「サービス水準を維持」するか、②介護サービスの水準を下げて「個人の負担を抑制」するか、またはその両方を進めるか。いずれにせよ、これらは痛みを伴うものだからだ。

　十六総合研究所が岐阜県（都市部）、岐阜県（都市部を除く）、名古屋市（都市部）、全国の4地域に居住する20~40人に対して実施した調査は、この難題に対する住民の複雑な心情を浮き彫りにした。今後も公的介護サー

ビスを維持していくために、上記①か②、あるいは③「現状維持」のいずれかを選択してもらったところ、①②③の割合はどの地域においても3~4割前後で拮抗し、明確な方向性を見いだせない社会の苦悩が透けて見える結果となった。

　興味深いのは地域による微妙な温度差である。名古屋市では、個人負担増をいとわずに①「サービス水準維持」を望む声が多い。都市部の充実した介護サービスと所得水準が比較的高いことが、その背景にあると考えられる。一方、岐阜県（都市部を除く）では、サービスの水準の低下を容認しても②「個人負担の抑制」を望む声が多い。地方では家族や地域の絆の結びつきが強く、住民の

と相互扶助の精神が、公的サービスの低下を一定程度補完できるからだろう。また、回答者の約3割が、国の借金増加を容認してでも③「現状維持」を望んでいる。たしかに、①「サービス水準維持」と②「個人の負担抑制」のどちらかを選ぶことは困難であり、その心情は無責任とは言い切れない。しかし、それでは自分たちの世代の負債を子や孫の代に背負わせることになり、公的介護サービスが持続可能なものはなくなってしまう恐れがある。

　真に求められているのは、過剰でも不足でもない「適正な介護サービス」の追求である。私たち一人一人がこの社会課題に正面から向き合い、持続可能な解決策を模索する責任を負っている。

（十六総合研究所　主任研究員　小島一憲）

今後、現状の公的介護サービスの水準の維持が難しくなると予想されます。考え方に近いものを選んでください

	①サービス水準維持	②個人の負担抑制	③現状維持	その他
全国	34.3%	33.9	30.2	1.6
岐阜県都市部	33.7	36.1	29.0	1.2
岐阜県都市部を除く	32.2	41.8	25.0	1.0
名古屋市	39.0	31.5	27.6	2.0

出所：十六総合研究所

3.2. 地域住民の皆さまへの提言

3.2.1. 望まぬ介護離職の回避

　家に介護が必要な人がいると、家族は自分の生活の一部をその人の介護に充てることになります。その負担感は、要介護度や施設入居の有無、他の家族の協力の度合いなどによりさまざまですが、介護のために就業時間を短縮したり、離職したりする人はかなりの数にのぼり、その結果さまざまな問題が生じています。特に介護離職は、ケアラー（家族介護者）にとって経済的・精神的な負担増をもたらすばかりではなく、企業にとっては労働力の減少、地域社会においては活力の低下など、マイナスの影響が広範囲に及びます。

　仕事を継続するということは、ケアラーが社会と関わりを持ち社会に貢献し続けることであり、生きがいの保持や社会的な孤立の防止にもなります。よって、本当は仕事を続けたいのに（続ける必要があるのに）、介護のために離職せざるを得ない人がいることは大きな問題です。また、1.2.3.および 1.2.4.でも述べたように、子が親の介護のために離職するケースでは、余程十分な貯蓄がない限り、子の将来の生活に大きな影響が及びます。働き盛りと言われる40〜50代の比較的給与水準の高い人がいったん離職すると、介護が終わり再就職しようとしても、一般的には以前のような高収入は期待できません。このため、その人の生涯賃金は介護離職しなかった場合に比べて少なくなり、生活水準は低下するでしょう。収入や消費が減ってしまうため、国の税収も減少します。それどころか、貯蓄が底をつき生活に困窮するようになると、働いていた頃は社会を「支える側」にいた人が、社会から「支えられる側」にシフトすることになります。すると「支える側」の人の負担はますます増加し、社会の活力は失われ、地域や国は衰退に向かうことになります。

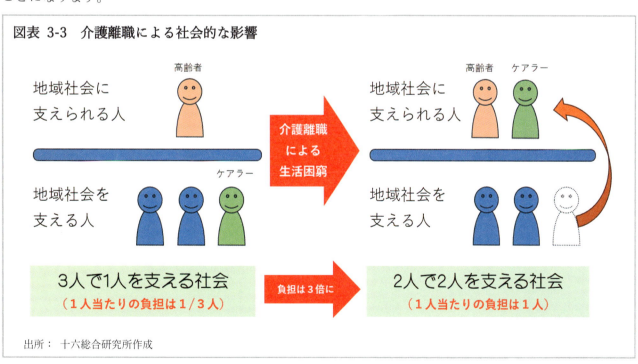

図表 3-3　介護離職による社会的な影響

出所：十六総合研究所作成

　図表 3-3 は、介護離職による社会的な影響を簡単な例で表したものです。この例では、地域社会を支える「分母」側の人数が減り、支えられる「分子」側の人数が増えることで、残された地域社会を支える人の負担は 3 倍にも膨らんでしまいます。介護離職のインパクトは、私たちが思っているよりも大きいのです。生産年齢人口が減少する中、望まぬ介護離職を少しでも減らしていかなければ、地域社会が成り立たなくなる恐れがあります。

少子高齢化により生産年齢人口は減少に転じ、多くの産業が人手不足に苦しんでいます。こうした産業では生産性の向上が叫ばれていますが、それだけではカバーしきれない、また人手がいないと成り立たない産業もあります。そのため、労働力不足が経済発展の足かせになるばかりか、公共交通や医療、福祉など、私たちの生活に不可欠なサービスすらも縮小を余儀なくされる地域が出始めています。家族の介護のために仕事を離れる人や仕事を減らす人が増えることは、地域の貴重な労働力が減るという点でも社会へのダメージが大きいのです。特に、過疎化が進む地域においては、働く人の減少は地域の存続にも影響します。私たちは、自分や家族のためにも、そして地域のためにも、可能な限り望まぬ介護離職を回避し、仕事と介護の両立を図ることが大切だと考えます。

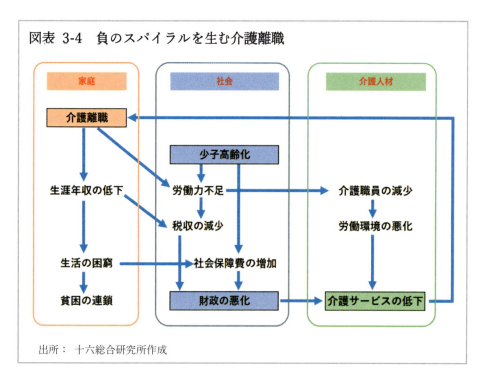

　介護離職が増えることによる影響をまとめたものが図表3-4です。まず、介護離職は少子高齢化と相まって、労働力不足を加速させます。労働力不足は税収の減少だけでなく、介護職員の減少を通じて、介護サービスの低下をもたらします。

　また、介護離職による生涯年収の低下と生活の困窮は、税収の減少や社会保障費の増加をもたらすとともに、次世代への貧困の連鎖を引き起こします。税収の減少や社会保障費の増加は財政の悪化に直結し、介護サービスの低下を誘発します。そして、介護サービスの低下は、さらなる介護離職者を生む原因となり、負のスパイラルが生じるのです。このように介護離職は、少子高齢化による介護サービスへの負の影響を、いっそう深刻化させます。

　ケアラーが働き続けたいと考えている場合、工夫次第で仕事と介護の両立が可能なケースもあります。仕事と介護の両立のためには、以下のような取り組みが有効です。

身内と話し合う	家族や親戚と、介護の役割分担や支援体制についてよく話し合い、協力して介護を行う体制を整えましょう。要介護者と離れて暮らす人でも、精神面や金銭面でのサポートが可能です。後述するICTを使えば、遠隔地で見守りをすることもできる時代になりました。
地域の力を借りる	地域包括ケアセンターに相談し、介護保険制度や各種福祉サービスの利用について相談しましょう。地域包括ケアシステムにより、さまざまな専門家やボランティアの力を借りることができます。介護保険制度を上手く利用することで、独居でも在宅介護が可能なケースもあります。
職場に相談する	早めに職場に相談し、時短勤務やフレックスタイム、テレワークなど、柔軟な働き方により、仕事と介護の両立を図るための方法を模索しましょう。 育児・介護休業法により、年間で最大5日の介護休暇[※1]や、最大93日間の介

	護休業制度※2 が労働者の権利として定められています。介護体制を整えるためにぜひ活用しましょう。なお、2024 年に法改正があり、2025 年 4 月から、介護離職防止のため、介護休業制度や仕事と介護の両立支援制度についての個別の周知・意向確認、雇用環境整備などの処置が事業主の義務になります。
テクノロジーの力を借りる	最新の ICT 機器を利用することで、その場にいなくても要介護者を見守ることができる時代となりました。要介護者が家電品を使用したりトイレを使用したりした際に、ケアラーのスマホに通知が行くシステムや、要介護者の近くにカメラを設置し、ケアラーによる見守りや、相互に会話が可能なシステムなどが比較的安価に入手できます。スマートスピーカーを導入すれば、エアコンやテレビなど家電品の操作や玄関ロックの解除、カーテンの開閉、照明のオン・オフなどを、要介護者の声やケアラーのスマホで操作することも可能です。認知症の要介護者が薬を飲み忘れないよう、スマートスピーカーに定時にリマインドしてもらうこともできます。

　介護のための休暇・休業制度は、子育てのための休暇・休業制度ほど馴染みがなく、ほとんど利用されていない職場もあると思いますが、これらは法的に定められた労働者の権利です。「会社に迷惑をかけるから…」とためらう気持ちがあるのは当然ですが、上司とよく相談し、時短勤務やフレックスタイム、テレワークなどでの対応が難しい際には、こうした制度の利用を検討しましょう。

※1 介護休暇	短期間の介護や通院の付き添いなど、突発的な用事に対応するための休暇で、対象家族 1 人につき年 5 日、2 人以上の場合は年 10 日まで取得可能です。2021 年からは時間単位での取得も可能になりました。
※2 介護休業制度	長期間の介護が必要な場合や、介護施設の手配や住居の改修などの準備期間として利用できるもので、対象家族 1 人につき 3 回まで、通算 93 日まで休業できます。休業開始日の 2 週間前までに書面で申請する必要があります。原則無給ですが、条件を満たせば雇用保険の介護休業給付金を受け取ることができます。 　介護休業制度は、介護をするための休暇ではなく、要介護者の介護生活定着・安定のための休暇です。時間や気持ちの余裕を持って、要介護者の生活環境を整えること、そしてそれが定着するまでを見届けるために利用しましょう。

　このようにいろいろな工夫を行う一方で、働き続けられる方法を職場と模索し、可能な限り仕事と介護の両立を目指していただけたらと考えます。

3.2.2. 地域包括ケアシステムを活かした介護

　介護は、家族だけで行う時代ではなくなりました。家族が介護を必要とする状態になった場合、「自分（たち）だけで何とかしよう」という考え方にとらわれず、ぜひ、国が推進してきた地域包括ケアシステムの利用を検討しましょう。言葉をかえると、介護を「家族としての義務」ではなく、一つの「プロジェクト」と捉え、地域や社会の力を上手に借りて対応していくということです。これは、ケアラーであるあなたが「〇〇家介護プロジェクト」のリーダーとして、①要介護者・家族・親族の意思統一を主導し介護方針を決定、②介護に関わるチーム（自分、家族、親族、かかりつけ医、ケアマネジャー、ヘルパー、要介護者の友人、近所の人、ボランティアなど）を結成、③介護の内容とスケジュール、予算を適切に管理していくイメージです。これにより、自身が一身に背負っていた（背負おうとしていた）家族介護の負担を、家族・親族・地域・社会との連携で分散することができます。将来にわたり持続可能な介護のあり方を、ぜひ「地域の力」を借りながら検討していただきたいと考えます。

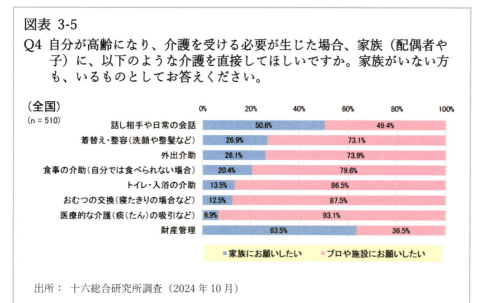

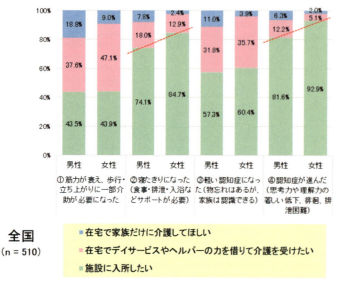

　図表3-5は、介護の内容別に、誰に介護を受けたいかを調査したものですが、着替え・整容や外出介助で7割以上、食事の介助で約8割、トイレ・入浴の介助やおむつの交換では9割近くが、家族ではなく「プロや施設にお願いしたい」と回答しています。こうした身体的・時間的に負担のかかることや、プロに頼んだ方が要介護者の尊厳が守れること・安心なことは、ヘルパーやデイサービス・施設などにお願いして、ケアラーである家族は、要介護者を精神的に支える役割を果たしていくことを、多くの要介護者が望んでいると思われます。疲れた顔であらゆる介護をしてもらうよりも、家族には仕事や趣味など、その人自身の生活を維持してもらいながら、笑顔で無理のない範囲の介護をしてもらう方が、要介護者にとってもより嬉しいことなのでは

ないでしょうか。介護保険の仕組みを中心とした地域包括ケアシステムを上手く活用して、要介護者とケアラーの両方が幸せに暮らせる介護のあり方を模索しましょう。

家族を介護施設に入れることに対し、後ろめたさを感じる人は少なくありません。しかし、要介護度が上がると、在宅での介護より施設での介護を望む人は増えます。図表3-6によれば、②寝たきりや④重度の認知症になった場合、男女平均で4分の3以上の人が施設に入りたいと考えています。「どんなに介護の負担が大きくても、在宅で介護し続けることが親孝行」という考え方もありますが、今の介護の形態が、要介護者本人の本当に望むものかどうかをよく確かめたいところです。認知症が進行すると、要介護者の本当の思いを聞き取ることは困難になります。そのため、要介護者が元気なうちに、その人の生き方や考え方、看護・介護や看取りのあり方についての本音を家族と共有する「人生会議」が注目されています【図表3-7】。

図表 3-7　人生会議

出所： 厚生労働省HP

一方で、経済的な理由で介護施設入所が難しいケースもあります。図表3-8は、家族が寝たきりや重度の認知症になった場合でも、施設介護ではなく在宅介護を選んだ人の理由ですが、男性の約3分の1、女性の約5分の1が、「金銭面」を挙げています。介護施設に入所すると、月に15万円以上

図表 3-8
Q3 なぜ施設ではなく、在宅で介護したいと思いましたか。

出所： 十六総合研究所調査（2024年10月）

の費用がかかることもあり、誰もが簡単に入所を決断できるものではありません。介護費用はサービスを選択する上での大きな制約要因ですが、地域包括ケアシステムが整備されるにつれ、介護の選択肢も広がっています。「お金がないから」と始めから諦めるのではなく、支払い可能な予算の中で最善のケアを受けられるよう、ケアマネジャーとよく相談しましょう。

3.2.3. 介護で困ったときは地域包括支援センターへ相談を

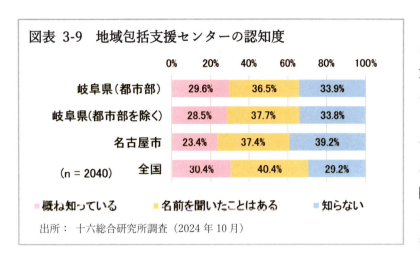

図表 3-9　地域包括支援センターの認知度

出所：十六総合研究所調査（2024年10月）

地域包括支援センターは、地域住民にとって最も身近な介護に関する相談窓口と言ってもよいでしょう。しかし、その認知度は高いとは言えず、このセンターの存在や役割は十分に理解されていないようです【図表 3-9】。このため、介護の問題で困った状況になった際に、真っ先に「地域包括支援センターに相談しよう」と考える人はそれほど多くないと思われます。

家庭内の介護の問題に関して、「まだその時ではない」と相談をためらっている人もいます。しかし、自分たちでは手に負えなくなってから相談するのではなく、早め早めに専門家に相談することで、その後の経過が良い方向へ向かうことも多いのです。「こんなことを相談して笑われないだろうか」などと心配する必要はありません。まずは勇気を持って電話をかけてみましょう。

在宅介護において、悩みやストレスがあると回答したケアラーは全体の約7割に達しています【図表 3-10】。その原因は、「家族の病気や介護」が最も多く、次いで自分自身の健康への不安、経済的な問題、家族との人間関係、自由時間の不足など、多岐にわたっています。介護によるストレスは、これらの要因が複雑に絡み合って生じていると言えます。

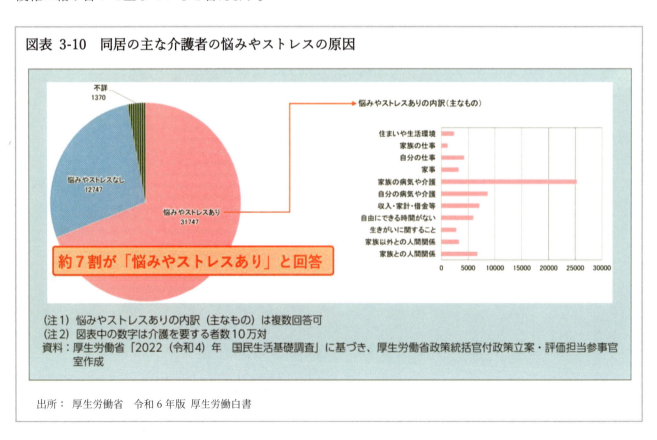

図表 3-10　同居の主な介護者の悩みやストレスの原因

（注1）悩みやストレスありの内訳（主なもの）は複数回答可
（注2）図表中の数字は介護を要する者数10万対
資料：厚生労働省「2022（令和4）年　国民生活基礎調査」に基づき、厚生労働省政策統括官付政策立案・評価担当参事官室作成

出所：厚生労働省　令和6年版 厚生労働白書

また、国民生活基礎調査によれば、「同居の主な介護者」の介護時間を要介護度別に見ると、「要支援1」から「要介護2」までは「必要なときに手をかす程度」の介護時間が多い一方、「要介護3」以上では「ほとんど終日」の介護が最も多くなっています【図表3-11】。

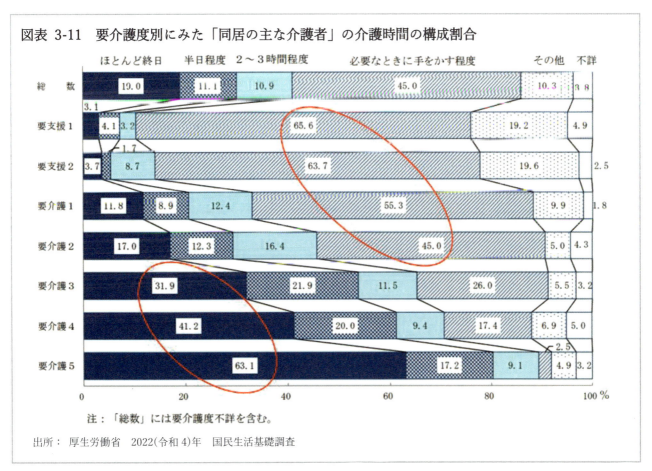

図表3-11　要介護度別にみた「同居の主な介護者」の介護時間の構成割合

注：「総数」には要介護度不詳を含む。
出所：厚生労働省　2022(令和4)年　国民生活基礎調査

　このように、在宅介護におけるケアラーの時間的負担は、要介護度が上がるにつれ著しく増大することから、ケアラーの精神的なストレスも、介護を開始してから日を追うごとに大きくなっていくことが多いと言えます。家族をケアするという点では「子育て」と似ていますが、子育ては一般的に子の成長に伴い養育者の負担が減っていき、子どもが育つまでの期間が予測可能であるのに対し、高齢者の介護は、多くの場合徐々に負担が増加し、それがいつまで続くのかが不明確であることが大きな不安要因と言えます。

　介護の時間が増えると、社会との接点が減少したり自分のための時間が取れなくなったりすることで、ケアラーは体調や心理状態が不安定となったり、いわゆる「介護うつ」の状態になったりすることが心配されます。さらに状況が悪化し、要介護者への虐待や自殺に至るといった不幸な事例も報告されています【図表3-12】。当事者だけで介護問題を解決しようとすればするほど、介護離職を余儀なくされるなど外部とのつながりは遮断され、生活が介護一色に染まってしまうことで、ますます状況が悪化することも多いようです。

　ケアラーは、自分自身が不幸を感じていては、要介護者や家族を幸せにすることは難しいと言われています。介護で少しでも辛いと感じたら、地域包括支援センターに相談してください。そして、自分だけで「完璧な介護」を目指すのではなく、要介護者と心地よい距離感を保ちながら、専門家の力を借りて、無理なく続けられる介護を目指していただきたいと思います【図表3-13】。

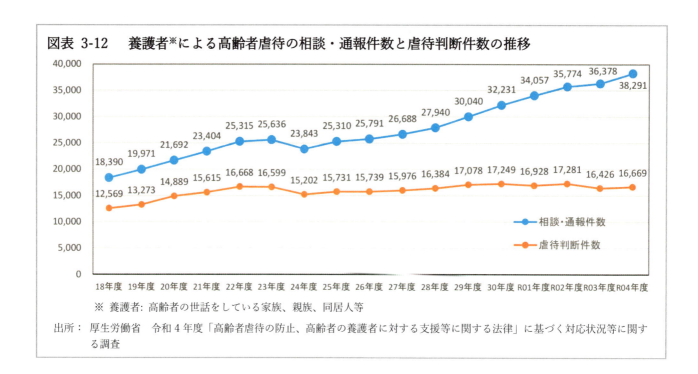

図表 3-12　養護者※による高齢者虐待の相談・通報件数と虐待判断件数の推移

※ 養護者：高齢者の世話をしている家族、親族、同居人等

出所：厚生労働省　令和4年度「高齢者虐待の防止、高齢者の養護者に対する支援等に関する法律」に基づく対応状況等に関する調査

　また、自分の家族以外のこと、例えば「近所に住む独り暮らしの方に困りごとがあるようだ」といった地域の異変などについても、地域包括支援センターへ情報を提供することで、その人を適切なサービスへつなぐことができる場合もあります。仮に、本来介護や福祉による対応が必要な人が誰ともつながれずに生活していたとすれば、情報提供を行うことはその人のためにも地域のためにもプラスになります。こうしたインフォーマルな自主的な活動は、今後ますます大切になってくるでしょう。

　地域包括支援センターは、自治体または自治体から委託を受けた事業者が運営しており、相談内容の秘密は厳守されます。自身や家族の介護のことだけでなく、地域のことも相談できる地域包括支援センターを、ぜひ覚えておいてください。

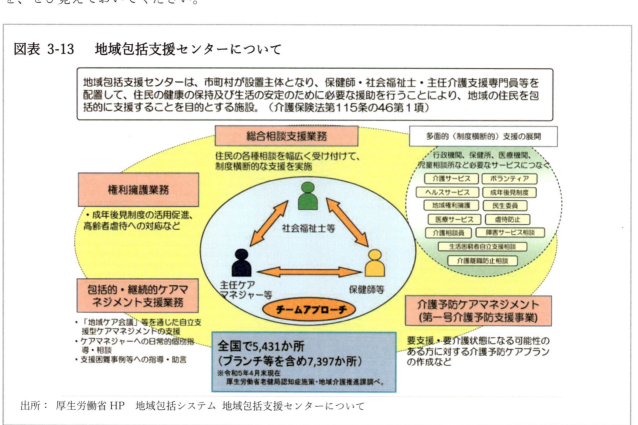

図表 3-13　地域包括支援センターについて

出所：厚生労働省HP　地域包括システム　地域包括支援センターについて

3.2.4. 地域のつながりを大切にしよう

　高齢で介護が必要になった場合でも、住民同士の見守りや支え合いがあると、暮らし慣れたその地域に住み続けるにあたっての安心感が高まります。しかし、現代の社会においては、地域のつながりが希薄化していると言われています。例えば、全国の自治会加入率は低下傾向にあります【図表3-14】。

図表 3-14　自治会加入率

自治会加入率を世帯単位で算出している600団体の平均加入率

出所： 総務省自治行政局市町村課　自治会等に関する市区町村の取組に関するアンケート　より十六総合研究所作成

　誰にも知られずに自宅で死亡し、相当期間が経過してから発見されるようなケース（孤立死※）も増加しており【図表3-15】、特に独居の人は、「ご近所さん」と日ごろから相互に助け合うことができる関係をつくっていくことが理想です。

　※　「孤立死」と「孤独死」についてはニュアンスの相違がありますが、外見上独りで亡くなったという点は共通しています。本書では厚生労働省の表記にならい、「孤立死」を使用します。

図表 3-15　東京都区部における孤立死者数の推移

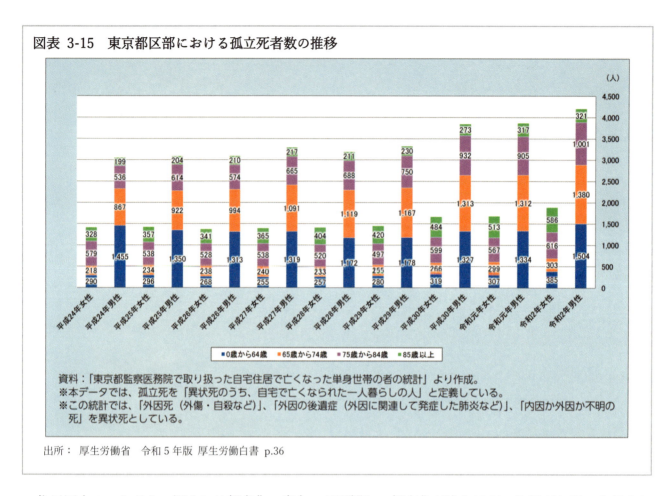

出所： 厚生労働省　令和5年版 厚生労働白書 p.36

　住民同士のつながりの深さには都市化の度合いが影響し、都市化が進むほど、住民がお互いを見守り、助け合う意識が弱くなる傾向があると考えられます【図表 3-16】。これは、決して都市に住む人の心が冷たいというわけではなく、マンションのような集合住宅が多い都市では、住居のセキュリティーが強固で、近隣の人たちの家族構成や生活の様子などが分かりにくいことが影響していると思われます。

図表 3-16
Q8 あなたの住んでいる地域で、軽度認知症の高齢者が1人で住んでいたとします。近所の人や地域の人が、その人を温かく見守り、場合によっては手助けをしてくれるような雰囲気を感じますか。

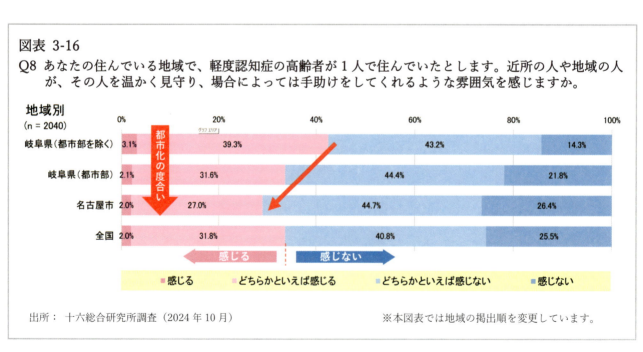

出所： 十六総合研究所調査（2024年10月）　　　　　　　　　　　※本図表では地域の掲出順を変更しています。

地域のつながりを考える上で参考になるのは、後述する岐阜県白川村のような、住民同士の強い絆に支えられた地域のあり方です。しかしそれは、村の成り立ちや文化があってこその人同士のつながりであり、人々の生活や住居の形態、出身地、家族構成や自治会の結束状況などが異なる他の地域で、同じようなつながりを再現することは難しいと思います。白川村は、村民一人ひとりの努力により育まれた村づくりの成果として、地域包括ケアが目指す方向にいわば自然発生的に向かうことができていますが、一般的な地域において地域包括ケアを充実させるには、住民同士のつながりを深める仕掛けや、住民の意識改革と行動が必要でしょう。

　また、近年、地震や台風、洪水などの自然災害が増えており、いざというときには地域に住む人たち同士の協力が必要となります。もし皆さんが、地域に住む人とのつながりが弱いと感じたら、ぜひ自治会に加入する、マンションの住民会議に参加する、近所の人と接する機会を増やす、子どもに声掛けする、地域の行事に積極的に顔を出すなど、地域とのつながりを深める行動を少しずつでも増やしていきましょう。

　もちろん、自治会加入※はメリットだけを享受できるわけではありません。自治会の仕事を任されることで自分の自由な時間が減ることがあるかもしれません。地域の人々とのつながりに、時には煩わしさを感じることがあるかもしれません。しかしながら、同じ地域で生きる仲間として、地域を共に創っていく、また守っていくことは、まさに「互助」のあるべき姿であり、高齢者に限らずすべての人が暮らしやすい「まちづくり」のためには必要なことではないでしょうか。

※ 自治会の活動に期待できない場合は、ボランティアや趣味のサークル、昔の会社仲間、同級生など、社会とのつながりを意識して保つようにしましょう。

　次ページからは、白川村社会福祉協議会・白川村役場、瀬音さくら山荘（高齢者福祉施設）、白川村国保診療所（県北西部地域医療センター）のインタビューを掲載します。

地域包括ケアの理念が自ずと根付く
～岐阜県白川村～

　世界遺産・白川郷合掌造り集落で有名な岐阜県白川村。霊峰白山のふもと、岐阜県北西部に位置するこの村は、面積の96％を山林が占め、農耕地は0.4％という典型的な山村です。また日本有数の豪雪地帯にあり、現在約1,500人の住民が暮らしています。村の主要産業は観光業と建設業で、観光に関しては年間215万人、村民の1,400倍を超える観光客が訪れます。

　村ではこれまで、合掌造りやどぶろく祭りなどの有形・無形の文化を、村民同士の助け合い、相互扶助の精神である「結」で守り、育んできました。これらは今では国際的な注目を集めています。しかし、人口減少により村の担い手も減少する中で、この類いなき白川村らしさをどのように守っていくかという課題も抱えています。

　そんな白川村の暮らしを支える、白川村社会福祉協議会、白川村（村民課）、特別養護老人ホーム・瀬音さくら山荘（以下、さくら山荘）、白川村国保診療所の皆さまにお話をうかがいました。そして、都市部で希薄になりつつある「地域や住民同士のつながり」を大切にしてきた白川村だからこそ、地域包括ケアがとても自然な形で実践されていると感じました。

❶ 白川村社会福祉協議会・白川村役場（村民課）

社会福祉協議会も入居する村庁舎

南事務局長（左）と佐藤主査（右）

社会福祉法人 白川村社会福祉協議会
事務局長
南 秀彦 氏
居宅介護支援事業所勤務を経て、
2020年より現職
●ケアマネジャー

白川村役場
村民課 村民健康福祉係　主査
佐藤 謙 氏
瀬音さくら山荘（特別養護老人ホーム）勤務を経て、
2018年より現職
●介護福祉士

※本文中の組織名称、肩書等は、インタビューを実施した2024年8月現在のものです。

聞き手：小島 一憲（十六総合研究所 主任研究員）
　　　　森　俊介（十六総合研究所 研究員）
（インタビュー実施日：2024年8月23日）

白川郷

自治体と社会福祉協議会との緊密な連携

■ 白川村の高齢者介護を支える体制について教えてください。

●佐藤主査（以下、敬称略）　白川村の村民健康福祉係は課長含め3〜4名。うち介護保険は、今年6年目になる私が1人で担当しています。

●南事務局長（以下、敬称略）　白川村社会福祉協議会（以下、社協）は私と介護保険の認定調査員、および事務員の3名体制です。忙しいときは、仕事をお互いにシェアしながら対応しています。

●佐藤　村民課と社協が「連携する」というよりは、どちらかと言うと、あたかもひとつの組織のように一体となって動いている感じです。

●南　自然にそうなっていました。ありがたいことに、社協は村役場の建物内にありますから、何かあればすぐに連絡が取れます。
　今は社協が、高齢者福祉の相談窓口として認知されていますが、最初はそれがなかなか定着しなくて苦労しました。年4回、全戸に配付される広報誌などで何年もかかって周知することにより、今では「相談事があればまずは社協へ」という流れが、村民の中に根付いてきたように思います。

■ 村民との距離がとても近いように感じます。

●南　村の人口は1,500人ほどなので、村民の方々の顔はだいたいわかりますね。村民の方々も、私や佐藤さんの顔を知っていますから、安心していろいろ受け入れてくださるようです。

　たとえば、自分の親や配偶者が、認知症や介護が必要な状態になるといったことは、人生に1度あるかないかで、いざ自分がその立場に置かれると、どうしていいか分からないと言う人は多いです。だから、どんな心配事でも安心して相談してもらえるよう、心の壁を取り払う努力をしてきました。

■ 高齢者介護を担う人材の、現状と見通しについて教えてください。

●南　少し前までは、施設の職員も、在宅介護の職員やヘルパーも足りていたのですが、徐々に働く人が減り、今は特にヘルパー不足が深刻です。

●佐藤　介護が必要になれば、やはり最初からヘルパーに入ってもらって、自宅での暮らしを出来る限り長く継続して、施設入所を少しでも遅くすることができると良いので、ヘルパーは重要な存在です。

地域包括ケアの理念が自ずと根付く
〜岐阜県白川村〜

❶ 白川村社会福祉協議会・白川村役場（村民課）

●**南** ところが現状、村ではヘルパーが足りなくて、ヘルパー事業所に派遣を依頼しても、他のサービス事業所との兼務により、ヘルパーを派遣ができる日に制限が生じてしまうのです。食事の介助など、毎日利用したいといった希望に100％応じることは困難な状況です。

村の介護施設も従業員の人員が不足している状態なのですが、他の地域から働きに来てもらうのも簡単ではありません。いくら高速道路がつながって、高山市まで40分で行けるようになったといっても、やはり高山市から白川村へ介護の仕事をしに行くという話にはなりにくいです。高山市の方でも、同様にやはり介護人材は不足していますから。

●**佐藤** 今後、要介護認定者数は横ばいとなる見込みです。一方で、村の人口は引き続き減少が見込まれるため、労働力人口も減っていく予想となっており、介護人材の確保は大きな課題です。

> 要介護にならないために、介護予防に力を入れていると聞きました。

●**南** 介護予防支援事業として、社協が村から委託を受け、月に1度、6地区で「いきいきふれあいサロン活動」を行っています。参加者は50人ほどで、意識が高く積極的に参加される方が多いです。脳トレや体操をしたり、笑うトレーニングをしたり、歌を歌ったりしています。要介護にならないために、サロンへ行って、楽しんで、精神的に満たされて、笑顔で帰っていただく、そんな場を提供し続けたいと考えています。

地域や住民同士のつながりを大切にする、村の文化に根差した地域包括ケア

> 小規模自治体ならではの効果的なネットワークが機能しているようですね。

●**南** 地域福祉の推進という点では、村民のみなさんに目が届くことが強みです。地域の区長、民生委員、診療所などから、地域に住む人々の情報が次々に入ってきます。国が言う地域包括ケアシステムのようなネットワークが、自然に出来上

いきいきふれあいサロン活動の様子（白川村社協提供）

懐かしい田植えの風景を再現した「田植え祭り」

がっていることが、この村の良いところだと思います。

困っている方に積極的に声掛けをすることもあるそうですね。

●南　月に1度、地域ケア会議を開催し、我々と診療所、さくら山荘、デイサービスセンター（しゃくなげ荘）の担当者で、主に介護認定を受けている方の情報交換をします。そこでは、村民の個人情報がからむデリケートな話も出てきます。

　認知症の疑いがある人は、なるべく早く検査をして治療に入ることで、その後の生活がガラッと変わるというようなこともあるのですが、地域性によるものなのか、ご家族だけではなかなか声を上げられないケースも少なくありません。本来は、ご家族から相談があってからでないと、こちらからは動けないものなのですが、白川村では、そんな状況をいち早く察知して、こちらからどんどんアプローチする、積極的に声をかけて相談に乗っていくというスタンスで、私たちは活動しています。

村内唯一の高齢者福祉施設 さくら山荘

さくら山荘について教えてください。

●南　2008年開設の特別養護老人ホーム（高齢者福祉施設）で、ショートステイサービスも提供しています。さくら山荘ができるまでは、介護が必要になると遠くの町の施設に入るしか選択肢がなく、家族は罪悪感のようなものを感じていましたが、さくら山荘ができたおかげで、介護が必要になっても、大好きな白川村で生活を続けられる、これは本当にありがたいことだと、皆さんおっしゃいます。

　看取りという点でも、かつては高山市など遠い町の病院で亡くなると、看取りに間に合わないといった話をよく聞きました。さくら山荘は看取りにもしっかり対応しているため、家族に見守られ、村内で亡くなられる高齢者の方が増えました。

　以前、さくら山荘の入所者にアンケートを取り、「人生の最期はどう看取られたいか」を尋ねたこ

地域包括ケアの理念が自ずと根付く
～岐阜県白川村～

❶ 白川村社会福祉協議会・白川村役場（村民課）

とがあります。その結果、1位は意外にも「自宅で死にたい」ではなく、「家族のそばで死にたい」だったのです。8割以上の方が、看取られる場所は自宅でもさくら山荘でもどこでもよいと回答しており、場所よりも家族がそばにいるかどうかが大切ということがわかりました。息を引き取るまで耳は聞こえると言いますから、大切な家族の声を聞きつつ、みんなに見守られて、「ああよかった」と安心して旅立てる、だから、（遠くの病院で、独りで逝くのではなく）地元のさくら山荘で家族に看取ってもらえるということは、村民にとって本当にありがたいことなのです。

■ **さくら山荘は、村民にどのような変化をもたらしましたか。**

●南　村の文化が大きく変わりましたね。それまでは、「家族が施設に入所したことは周囲に知られたくない」という空気がありました。「お父様、高山の施設に入所されたみたいね。それはお気の毒な…」と周囲に言われたものです。だから、家族もなかなか公にしたくなかった。「親の面倒は、死ぬまで家でみるものだ」という文化というか空気感が、つい最近まで残っていたのです。でも、さくら山荘により、そんな文化が一変しました。「そうか、施設入所も悪いものではない。考えてもいいんだ。」と。

介護のために大きなストレスを抱えたり、仕事を辞めたりするなど、それまでの生活を維持できなくなりそうなときに、頼れる介護施設が出来たことは、村や社会全体が家族の介護を助けてくれ、家族を支えてくれるという点で、村民の心のよりどころとなっています。

■ **とても居心地がよい空間だとうかがいました。**

●南　さくら山荘の利用者は、ほぼ全員が白川村の村民です。そこで働くスタッフもほとんどが白川村の人なので、同じ背景、文化を共有しています。立場は異なりますが、みんなが地域への想いでつながった、いわば家族のような関係です。村民がさくら山荘に好意的なのは、家族のような人々に囲まれて、自宅と同様に安心して生活できるからではないでしょうか。そのあたりは、大都市の介護施設にはない特徴なのかもしれません。

■ **外国人技能実習生の方も活躍されているようですね。**

●南　介護人材不足を、外国人技能実習生で「補う」という言い方は、とても失礼だと思います。私の父が、さくら山荘に入所しているのですが、父は、彼女たちはいつも笑顔で、すごく丁寧な仕事をしてくれていると言っています。私も介護の仕事をしていたから分かるのですが、彼女たちの仕事へ

の熱意、介護の質の高さには目を見張るものがあります。

介護人材の確保と育成

白川村の高齢者介護に関して課題はありますか。

●佐藤　やはり最大の課題は、介護人材の確保ですね。

●南　白川村では、介護離職という話をほとんど聞きません。これは、さくら山荘の開設により、村民にとって「頼れる場所」ができたおかげでもあります。だから介護人材不足はとても心配なのです。人手が足らないため、仮に今の24床を15床に減らしますと言われたら大変なことになります。実際、他の市町村ではそんな話を聞きますので、それだけは何とか回避したいところです。

村民人口が減少しているため、他地域からの採用を増やそうとしても、飛騨は狭いエリアですから、強引に他の地域からスカウトすると悪い噂が立ってしまい、人材の取り合いみたいなことも起こりかねません。

私たち2人は、介護業界の出身なのでよくわかるのですが、一昔前に比べると、今の介護職の賃金は随分良くなっています。確かに夜勤があるところは大変ですが、手当がつきますし、何よりやりがいがある仕事です。介護の仕事のイメージを改善していくことも大切ですね。

介護職の魅力を知ってもらうための取組みがあると聞きました。

●南　社協では、介護職の魅力を知ってもらうためには、子供のころからその世界に触れてもらうことが大切だと考え、年に1度、白川郷学園（義務教育学校）の主に8年生（中学2年生）を対象に、福祉に関する出前学習会を行っています。毎年テーマを変え、例えば車椅子の方との接し方を学んだり、さくら山荘の現役介護士の話を聞いたりするなど実践的なカリキュラムを組み、次世代を担う子供たちに、介護を身近なものに感じてもらえるような情報発信を続けています。白川村には高校や大学がありませんので、一度は村から出て

冬季は大雪に覆われる白川村

地域包括ケアの理念が自ずと根付く
～岐阜県白川村～

❶ 白川村社会福祉協議会・白川村役場（村民課）

も、また村に戻って介護の仕事に携わってくれる、そんな子供がいてくれることを願っています。

山間部の小さな村ゆえに

他にも課題はありますか。

●南　最近は、子が村から離れて別の場所に住むケースも多く、高齢の夫婦二人暮らしや独居世帯が増えています。白川村の冬の生活は、介護が必要な高齢者にはかなり厳しいです。雪が降り積もるため、大体どの世帯も除雪機を持っています。屋根の雪下ろしも重労働ですし、暖房費もかかります。そのため、本当は自宅に居たいのだけれど、村を出て老人ホームやサ高住（サービス付き高齢者向け住宅）に行かざるを得ないといった人もいます。

専門的なノウハウが足りないという課題もあります。例えば成年後見制度を利用しようとする場合、そもそも対象となる方がほとんどいないこともあり、我々の経験も少ないのです。そういう時は、他の社協の職員さんなどに教えてもらいながらの対応になり、タイムラグが生じてしまいます。また精神面のケアに詳しい専門職員がいないので、心のケアに関しては、どうしても他の地域の病院などへ相談に行って頂くことになります。

日頃心掛けていることを教えてください。

●南　村民課と社協では、共通のポリシーがあります。

> ①地域で安心して在宅生活ができるように、迅速に細かく支援をする
> ②笑顔と思いやりの心で、村民の心に寄り添う支援をする
> ③福祉ニーズを的確に把握し、福祉関係者が共同で総合的に支援する

の3つです。

困りごとを抱えた村民のためには、何よりも迅速に行動することを心掛けています。そして、相談して良かった、安心できたと思っていただけるよう、村民課とともに日々努力しています。

五穀豊穣・家内安全・里の平和を山の神様に祈願する「どぶろく祭」

●**佐藤** 小規模な自治体ゆえの制約はありますが、逆に、人口1,500人の小さな村だからこそ、自ずと備わっている素晴らしい点も沢山あります。国は地域包括ケアシステムを推進していますが、地域包括ケアの理念は、古くから白川村の住民が大切に育ててきた文化そのものと言ってもよいのかもしれません。

第3章 これからの高齢者介護

❷ 瀬音さくら山荘（高齢者福祉施設）

瀬音さくら山荘（以下、さくら山荘）は、ショートステイサービスを併設した白川村唯一の特別養護老人ホームで、デイサービスセンターのしゃくなげ荘が隣接しています。さくら山荘では、24名の入所者（定員）の生活を約40名のスタッフが支えています（2024年12月現在）。

庄川の畔に佇むさくら山荘

根尾 久美子 看護師

瀬音さくら山荘
看護師
根尾 久美子氏
病院勤務を経て、2018年より現職

聞き手：小島 一憲（十六総合研究所 主任研究員）
　　　　森　俊介（十六総合研究所 研究員）
（インタビュー実施日：2024年8月23日）

他機関と連携のとれた、村唯一の特養

｜他の機関との横の連携が取れていると聞きました。

　さくら山荘では、定期的に村役場や社会福祉協議会の担当者、診療所の医師と看護師が集まり、地域ケア会議が開催され、村内高齢者の健康・生活に関する情報共有を行っています。

　診療所とは特に密接に連携を取っています。週に1回、往診会議という会合を設け、診療所の先生や看護師と情報交換しています。入所者のケアに関する情報共有はもちろんですが、介護施設の看護師にとっては、日進月歩の医療知識を学ぶこともできるので、こうした機会はありがたいです。

　診療所の先生が週1度はさくら山荘へ来てくださり、直接入所者を診察してくださったり、急を要する時は、逆に私の方から入所者を診療所にお連れしたりすることもあります。本当に、医療と介護が一体的に提供されているように感じ、とても安心です。

冬の白川郷
厳しい豪雪地帯でも村民が互いに力を合わせることで地域を維持してきた

第3章 これからの高齢者介護

　入所者の情報を、協力医療機関である白鳥病院（郡上市）とも共有しており、夜間など診療所の先生が不在のときに、白鳥病院に連絡し往診をお願いできる体制を整えていただいています。常時入所者の情報を共有しておくことで、万一の場合も迅速に対応してくださり、安心してケアにあたることができます。

■ **比較的お元気そうな入所者が多い印象ですね。**

　現在は、自分で歩ける方や車椅子で自ら動ける方が多いですね。理学療法士が、入所者のリハビリ計画を立てています。介護士はそれに沿って、入所者一人ひとりに合ったリハビリを行っています。ADL（日常生活動作）が維持できるように、歩行訓練や体操など、施設一体で取り組んでいます。

■ **介護人材不足を感じますか。**

　白川村は観光業がたいへん盛況で、福祉・介護に限らずあらゆる業種で人材不足が続いています。そこで、少しでも福祉・介護のイメージアップにつながるように、入所者と私たちスタッフが、盆踊りなどのイベントにいっしょに外出して参加することで地域の人と触れ合い、介護の仕事への理解を深めてもらえるような取組みを行っています。

■ **最新のテクノロジーによる介護や、外国人の方々による介護についてどう思いますか。**

　例えばセンサー機器などを導入すれば、入所者の見守りの負担が減るなど、いっそう安心できる面はあり便利だと思います。しかし、最新の機器を導入しても、システムのことを学んでそれに習熟しないと、そこにあるだけの「お道具」になってしまいます。介護現場にはシステムに不慣れなスタッフもいるので、誰もが使いこなせるように学び続けることが大切だと思います。

　今、ベトナム出身の外国人技能実習生が6名在籍しており、旧旅館を改装した社員寮で共同生活をしています。自分たちでは車を運転できないので、施設の担当者が車を出し、高山市や砺波市（富山県）など、遠方へ買いものに行くなど、生活面のサポートをしています。入所者と共に、盆踊りやどぶろく祭りなどの地域行事にも参加し、地域に馴染んでくれています。みなさん、とても熱心に介護の仕事に取り組んでくれています。

地域包括ケアの理念が自ずと根付く
～岐阜県白川村～

❷ 瀬音さくら山荘（高齢者福祉施設）

白川村はひとつの家族

白川村やさくら山荘には、どのような良さがありますか。

私は6年前にこの地域に引っ越してきたのですが、ここで働くようになり、地域の人たちととても親しくなりました。村の中を歩いていると、皆さんに声をかけてもらえるので、自然にいろいろな話が耳に入ってきます。例えば「あそこのおばあちゃん、最近見かけないけれど大丈夫かね？」といった感じです。そういった情報を役場や診療所の先生に伝えることで、必要に応じて誰かが動いてくれます。地域の人との交流を通じて、医療や介護を必要とする人が、しかるべきところへつながっていく、やはり地域に住む人の声はとても重要なので、地域の方たちと密な交流ができることは、本当にありがたいと思っています。

また、村民同士が、お互いのことをよく知っているのも素晴らしいことだと感じました。私たち介護スタッフが、単独で入所者の人生を理解するのは簡単ではありません。しかし、地域の方やご家族と接する中で、入所者の人生のストーリーが見えてきます。それぞれのストーリーを知ることで、入所した後もその人らしい生活が送れ、喜んでいただけるようなケアの実践につなげていくことができるので、私たちはそれをとても大切にしています。入所者は、私たちにとって単なる「ご入所者様」ではなく、同じ村の仲間、ファミリーだと思っています。白川村に住む人は、みんなが家族のようなものなのです。

さくら山荘が看取りに対応していることが、村民のみなさんから感謝されていると聞きました。

私たちは、ここで看取りをすることは当たり前だと思っています。最期の瞬間には、ご家族の方々、看護師の私や施設スタッフはもちろんですが、診療所の先生ができる限り寄り添わせていただくように配慮しています。入所者の方には、思い描く理想の最期を迎えて欲しいと願っています。

さくら山荘の薪ストーブ

■ 大自然と温かい思いやりに包まれた施設ですね。

　白川村には美しい四季があります。入所者のほとんどが白川村をはじめとする山間部のご出身なので、村の季節を感じていただきたいと願い、施設内に春は桜、初夏にはノジサイ、秋にはどんぐりや栃の実、栗、冬には花もちなどを飾っており、皆さまに喜ばれています。施設には薪ストーブ、食堂にはホテル風の装飾があり、まるでリゾートにいるような気分も味わえます。

　大自然の中に、このさくら山荘があって、そこでは四季の移ろいを感じながら生活していただけるのです。スタッフみんなで、いつも入所者に、楽しく安心して生活してもらえるよう努めており、ここが笑いと笑顔に包まれた場所であるというのも大きな魅力のひとつだと思います。

冬季は入所者や家族、介護スタッフが薪ストーブを囲む

●瀬音さくら山荘　施設概要	
施設名称	ひだ白川郷高齢者福祉施設　瀬音さくら山荘
開設年	2008年
運営主体	社会福祉法人 愛知慈恵会
定員	24人（ユニット型全個室　24室）
従業者数	39人
サービス内容	・地域密着型特別養護老人ホーム ・短期入所生活介護（ショートステイ） ・配食サービス

❸ 白川村国保診療所（県北西部地域医療センター）

　岐阜県白川村には2か所の国保診療所があり、曜日によって交互に診察を行っています。医師、看護師、医療事務担当の3人のスタッフが、豪雪地で知られる白川村の地域医療を支え、村民の健康を守る重要な役割を担っています。

合掌造り集落近くにある白川診療所

元田 晴伸先生

白川村国保診療所
所長
元田 晴伸先生
自治医科大学卒　高山赤十字病院、国保白鳥病院を経て2022年より現職

聞き手：小島 一憲（十六総合研究所 主任研究員）
　　　　森　俊介（十六総合研究所 研究員）
（インタビュー実施日：2024年8月23日）

切れ目のない医療と介護

■ 先生は地元・岐阜県のご出身とうかがいました。

　はい、飛騨市の出身です。斐太高校を出て自治医科大学卒業後、高山赤十字病院で研修医を2年間勤めました。その後、郡上市の白鳥病院勤務を経て、この診療所に来て3年になります。地域の医療に貢献したいと思っていたので、自分の希望通りになりました。

■ 白川村の医療体制について教えてください。

　人口約1,500人に対し、診療所が2か所あります。ただし、白川村国保白川診療所では月・水・金曜日、白川村国保平瀬診療所では火・木曜日に診療をしていますので、村で開いている診療所はいずれか1か所だけになります。かつては、それぞれに医師が在籍し診療していましたが、人口減により現体制へ移行したようです。歯科の先生は週に2回、高山から出張してきます。

　それ以外に医療機関はないため、村で医療が必要になった場合は、基本的には「全部診る」の

白川村の南部に位置する平瀬診療所

が私たちの役割であり、ポリシーでもあります。ここの設備では手に負えない場合は、適切な医療機関を紹介しますので、私たちが診療をお断りすることはありません。高山市や砺波市（富山県）の大きな病院へ行くには、村から1時間はかかってしまうので、なんとかここで治療できればとは思っています。

■ 白川村では、医療と介護が切れ目なくつながっているように感じます。

実際、医療と介護に垣根はなく、一体で運営されているような感じです。私は白川村に住む、ほとんどの高齢者の主治医になっています。デイサービスの往診も、さくら山荘の嘱託も私の担当ですし、学校医も、幼稚園の検診や乳児検診も私がやっています。村に医師が1人しかいないので、自然にそうなります。

白川村の診療所は、白鳥病院を中心とする県北西部地域医療センターのネットワークに加わっています。私が主に外来診療を担当していますが、月・水・金曜日の午後や、私の研修日である火曜日には、白鳥病院から定期的に医師が診療に来てくれます。そのため、これらの時間帯に乳幼児健診や介護に関する会議、訪問診療などに対応することで、私が診療所を離れても、村民が困ることがないようにしています。

夜間や休日など診療所の時間外に、緊急な往診が必要になった場合は、センターの当番の医師が対応します。私が、昼夜を問わず過酷な労働を強いられているというわけではありません。かつては、それこそテレビドラマ「Dr.コトー診療所」のような感じで、休日や夜間といった時間外においても、1人の医師がすべてを背負っていた時代があったようですが、先輩方が現代の価値観に合うように、今の仕組みを構築されました。医師の働き方改革が話題になっていますが、この地域ではそれより前から、へき地で医療に従事する医師の生活や健康を大切にする仕組みが出来上がっていました。

村民の方を看取るのも私の役割で、自宅・さくら山荘などにうかがいます。こちらも診療時間外の場合は、センターの当番の医師が対応します。

■ 村民との距離が近いように感じます。

地域ケア会議や往診会議などで村の高齢者の方の話題になると、だいたいその方の顔が浮かびます。これが都市部だと、会議に出る人と主治医は異なることが多いと思いますので、会ったことがない人のことを、書類だけで判断せざるを得ません。白川村では、より高齢者の方に寄り添った話し合いができると感じています。

地域包括ケアの理念が自ずと根付く
～岐阜県白川村～

❸ 白川村国保診療所（県北西部地域医療センター）

　住民同士、隣近所のつながりというか、プライベートでのかかわりが多いので、会議ではいろいろな情報が集まってきます。「あの人、最近調子悪そうだよ」とか、「近所の人が、最近認知症みたいな様子なんだけど」といった感じです。すると、「では一度、診療所に来てもらおうよ」という話に発展したりします。白川村では、住民のみなさんがお互い温かく見守り合い、支え合いながら生活しており、私たち医療者や行政との距離も自然に近くなるような気がします。

　ただ、診療所へ行くと、スタッフを含め知り合いばかりという環境なので、特に精神病関係のようにプライバシーが気になる人は、あえて遠方の病院に通っているという話を聞いたこともあります。そのあたりは、お互いの距離が近いことのデメリットなのかもしれません。

小さな村ゆえの課題

｜村での介護・医療に課題はありますか。

　人口が少ないので、介護に関しても選択肢が限られ、細かなニーズに対応しづらいです。実際、利用できるのは、デイサービスか、ショートステイか、特養。あとは、少数のヘルパーと配食サービスくらいですね。たとえば、訪問入浴など、他の市町村では普通にあるようなサービスは提供できないのです。では導入したらいいのではと言われると、スタッフもいなければ、おそらく希望者もそれほどおらず、採算が合わないことは明らかです。村が不採算な部分を全部負担して、無限にお金をつぎこむのなら別ですが、そんな訳にもいきません。

　また、施設利用者数の変動の影響を大きく受けます。さくら山荘の利用状況を見ていると、入所したい人が多く、すぐには入所できない時期もあれば、亡くなる人が相次ぐ時期もあります。入りたい人が入れないのも問題ですが、空室が増えて稼働率が下がると、経営上の問題が生じます。

　医療面では、診療所でできることは限りがあるので、専門的なことだと、高山市など町の専門医（眼科など）や病院へ行っていただくことになります。しかし、病院へ行くには時間がかかるし、交通手段が問題になります。公共交通機関は、高山までのバスがあるのですが、観光客用という感じで、住民の普段使いには向かないという声を聞きます。

　例えば、息子さんは遠くに住んでいるという高齢夫婦で、足腰が弱かったり2人とも認知症の症状が出ていたりすると、遠くの病院へ行った後で、無事に村に戻って来てくれるか心配になり

白川診療所での診察の様子

ます。誰かに車で連れて行ってもらいたいのですが、なかなか時間を合わせるのも大変ですし、移動や診察の待ち時間などで半日以上かかってしまいます。もう少し近いところに、病院があればありがたいです。

望まれる継続的な人材確保の仕組み

介護職はやはり不足していますか。

要介護の状態になっても、ずっと白川村に住んでいたいという人が多く、介護ニーズはあるのですが、今ぎりぎりで回している介護スタッフを増員することは難しいです。さくら山荘は、ベトナムから来ていただいている技能実習生のおかげで、何とか維持できているという感じです。介護士だけでなく、調理師や運営スタッフも不足しています。昨年は、結婚を機に村へ引っ越してきた方がたまたま看護師であったり、産休明けで復帰された方がいたりして何とかなったのですが、これらは偶然によるものです。

医師については、自治医科大学の卒業生が派遣されるシステムがありますし、また万一私の身に何かあっても、連携している白鳥病院がフォローしてくれます。一方、他の職種については、診療所の看護師が産休や育休の際、あるいは役場の管理栄養士が不在の場合などに、白鳥病院から最低限のサポートを得た実績はありますが、医師ほどの仕組みはありません。医療・介護スタッフを、継続的に確保できるようなシステムが本当に必要です。

訪問介護サービスは、実は不十分な状況です。人手不足のため、しゃくなげ荘（デイサービス）のスタッフが、手が空いている時間に訪問しているのが実態です。私たちは、介護が必要になっても、できれば在宅介護＋デイサービスで少しでも長く頑張ってもらいたいと思っていますので、訪問介護サービスにより在宅での介護を十分に応援できないことは辛いところです。さくら山荘が頼りにされているのも、在宅介護が十分にはサポートされていないという背景があるからなのかもしれません。

広域医療連携の恩恵

介護で行き詰まった方、退院後すぐに在宅介護に入るのが困難な方のための仕組みがあるそうですね。

白鳥病院との連携で、とても助かっているのが「レスパイト入院」です。これは在宅で介護を受けている人が一時的に入院することで、介護をし

地域包括ケアの理念が自ずと根付く
～岐阜県白川村～

❸ 白川村国保診療所（県北西部地域医療センター）

ている家族が休息を取ったり、急な病気やけが、冠婚葬祭などに対応したりするための仕組みで、介護者の精神的・身体的な負担軽減を目的とするものです。レスパイトとは、「一時休止」「息抜き」を意味します。レスパイト入院が必要な状況になれば、私が白鳥病院を紹介します。こうした社会的な背景も含めて、入院を希望する方々を、白鳥病院の「地域包括ケア病床」が引き受けてくれます。

たとえば独居の方で、手術後に退院しても在宅での介護の準備ができていない場合は、いったん白鳥病院の「地域包括ケア病床」へ入院していただく間に、介護認定の取得やデイサービスの申し込み、自宅の手すり工事、ポータブルトイレ・介護ベッドの手配などを行うことができます。白鳥病院が後ろ盾となって、在宅で介護が可能になるまでの時間稼ぎをしてくれる、これは本当にありがたい体制です。

力を合わせて解決する

白川村の医療・介護は今後どうなりますか。

白川村の人口動態はやや特殊で、今後も高齢化率が大きく上昇することはなく、各年齢層の比率があまり変わらないまま、全体に人口が減っていくことが予想されます。そしていつかは要介護者数も減少することになるでしょうから、今、施設を増強しても、いずれ無駄になってしまいます。今あるもので、なんとか乗り切るしかないと思います。

核家族化が進み、高齢者夫婦だけの世帯が増えてくると、いろいろ問題が生じます。例えば、片方は認知症が進み、もう片方は足が悪くて動けないようなケースでは、在宅介護で対応するのには限界がありますし、片方にさくら山荘に入所してもらうと、もう片方はどうなるのかという問題が生じます。かといって両者が入所できるような余裕もない、こういった、八方ふさがりのようなケースが今後増えていくことが予想されます。

そんな状況になると、地域ケア会議のメンバーみんなで相談し、何とかして対応策を導きます。小さな村なので、その方々の家族構成とか生活事情なども、大体誰かが知っていたりします。私たち村民が知恵を出し合えば、さまざまな課題を解決していくことが出来ると考えています。

3.2.5. 介護を受ける人々の生活や人生を輝かせる介護職

　介護の仕事は、人員不足により多忙であることや身体的な負担が大きいことなど大変な面が注目されがちですが、実際に介護に携わる人にお話を聞くと、非常にやりがいがあり、誇りを持てる素晴らしい仕事であることが分かります。令和5年度介護労働実態調査によれば、全国の介護労働に従事する労働者のうち、「仕事の内容・やりがい」に関して46.4%が現在の仕事の内容に満足している一方、不満足な人は8.4%にとどまっています【図表3-17】。(満足＝「満足」と「やや満足」の合計、不満足＝「やや不満足」と「不満足」の合計)

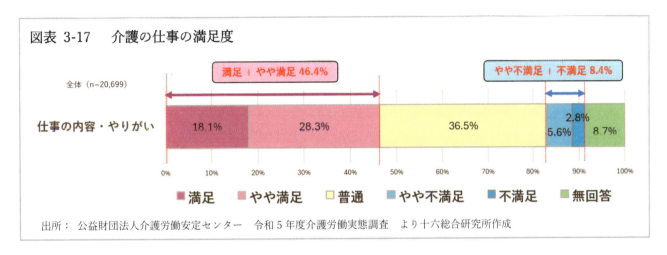

　介護はとても高い専門性を要する職業です。介護に馴染みのない人は、「何をするか」という表面的な部分にのみ目を向けがちですが、むしろ「介護によって要介護者がどのように変化するか」に注目するべきでしょう。介護職員は、その専門的な知識とスキルにより、介護を受ける人たちの生活や人生を輝かせることができるのです。介護の現場を少しでも経験したことがある人には、その仕事の素晴らしさを周囲に伝えていただきたいと思います。

　各地で、中学生や高校生を対象とした職業体験教室が開催されています。偏った情報やネガティブなイメージのために、介護職を職業選択の候補に入れることを迷っている人は、介護の専門性と、それによってもたらされる要介護者の笑顔をぜひ実際に見てください。自身の将来の職業を考える上で、新たな可能性を見出すきっかけとなることでしょう。

　また、介護に関わる職種は幅広いため、自分にふさわしい職種を見つけることができるのではないでしょうか【図表3-18】。

図表 3-18 介護に関わる職種

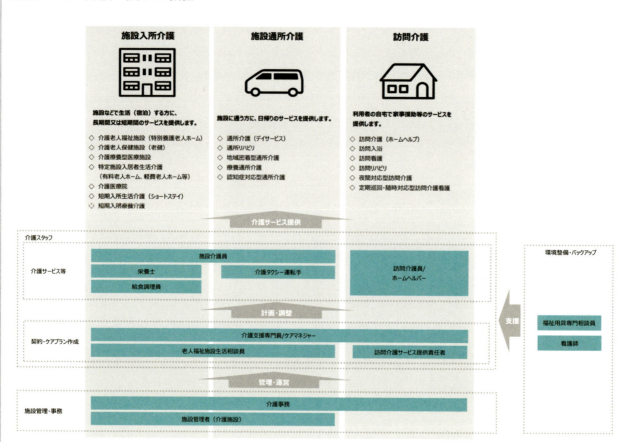

他にも様々な介護サービスがあります。

介護の相談・ケアプラン作成のサービス
　◇ 訪問介護（ホームヘルプ）
訪問・通い・宿泊を組み合わせたサービス
　◇ 小規模多機能型居宅介護
　◇ 看護小規模多機能型居宅介護（複合型サービス）
地域密着型サービス
　◇ 認知症対応型共同生活介護（グループホーム）
　◇ 地域密着介護老人福祉施設入所者生活介護
　◇ 地域密着型特定施設入居者生活介護
福祉用具を使う
　◇ 福祉用具貸与
　◇ 特定福祉用具販売

出所： 厚生労働省 HP　介護の仕事 job tag（職業情報提供サイト）　一部改変

3.2.6. 外国人を地域で受け入れ日本を「選ばれる国」に

少子高齢化と人口減少が進む中で、外国人労働者や外国人留学生の積極的な受け入れは、日本の経済と社会の持続可能な発展にとって不可欠です。地域の活性化のためにも、外国人が安心して働き、生活を続けられるような環境を整えることが重要であり、そのためには私たちの意識改革も必要となります。

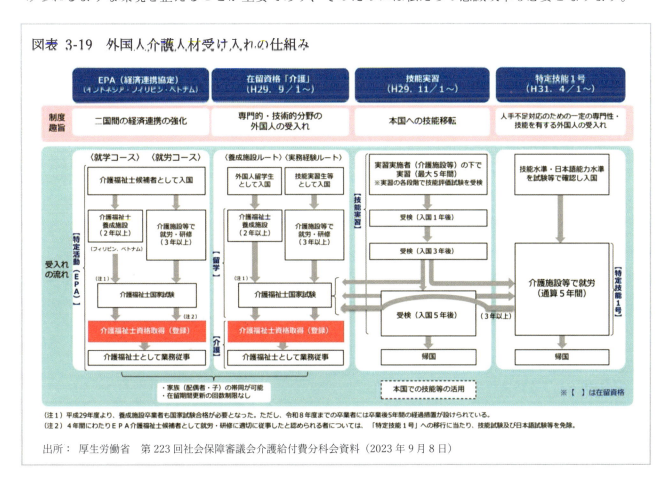

図表 3-19　外国人介護人材受け入れの仕組み

出所：厚生労働省　第 223 回社会保障審議会介護給付費分科会資料（2023 年 9 月 8 日）

　介護現場では、外国人介護人材の活用が徐々に進んでいます。外国人が日本で働くためのビザは、主にEPA（経済連携協定）、在留資格「介護」、技能実習、特定技能の4種類あり【図表3-19】、合わせて5万人を超える外国人介護人材が日本で活躍していると推定されます【図表 3-20】。出身国はベトナム、ミャンマー、インドネシア、ネパールなど東南アジアがほとんどです。介護保険制度が始まった頃は介護職を目指す日本の若者も多く、全国に介護福祉士養成施設（専門学校や短期大学、大学など）が数多く設立されましたが、介護職の人気の低下と少子化で日本人の志願者は減少する一方、外国人留学生は増加し、今や全入学者の概ね半数を外国人留学生が占めています。外国人介護人材は、今後間違いなく日本の介護を支える大きな柱となっていくでしょう。

図表 3-20　介護分野の外国人在留者数

在留資格	在留者数
ＥＰＡ介護福祉士・候補者	在留者数：3,186人（うち資格取得者587人） ※2024年3月1日時点（国際厚生事業団調べ）
在留資格「介護」	在留者数：9,328人 ※2023年12月末時点（入管庁）
技能実習	在留者数：14,751人 ※2023年6月末時点（入管庁）
特定技能	在留者数：28,400人 ※2023年12月末時点（速報値）（入管庁）

出所：厚生労働省HP　外国人労働者の受入れの政府方針等について

一方で、多くの人が外国人介護人材による介護を受けることに抵抗を感じています。今回のアンケート結果では、抵抗感がないと回答した人は3割程度にとどまります。抵抗感があると回答した7割程度の人は、決して出身国や人種により人を差別しているわけではなく、風習・習慣・宗教・文化や母国語の相違により、コミュニケーション上の不安を感じている人が多いようです【図表3-21】。

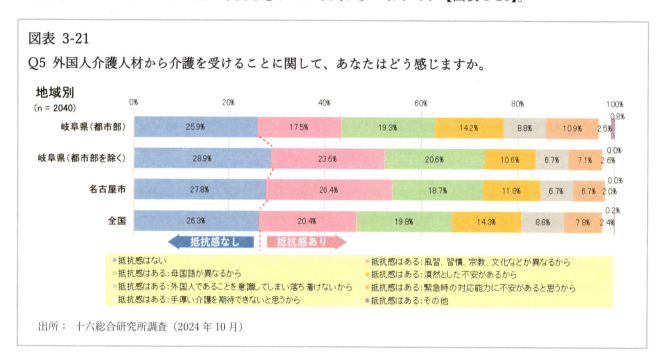

　しかし、実際に介護を体験した人の外国人介護人材に対する評価は非常に高いです。厚生労働省の調査によれば、外国人介護職員による介護サービスについて、「十分満足している」および「おおむね満足している」と回答した割合の合計は、ビザの種類にかかわらず8割を超えています。また外国人介護職員の働きぶりについても、「大変仕事熱心であり、高く評価できる」および「足りない部分はあるが、おおむね評価できる」と回答した割合の合計が8割前後に達しており、非常に高く評価されています【図表3-22】。

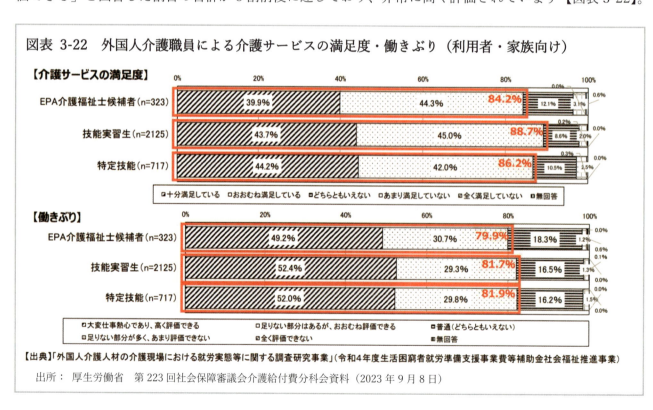

外国人介護人材は、日本で働くにあたり難解な日本語の習得という壁を乗り越えなければなりません。そのため、介護福祉士の資格取得は日本人が受験する以上に大変です。学費や渡航費用などで借金を背負って日本へ来る人も少なくありません。そうした高いハードルを乗り越えてきた（乗り越えようとしている）ことからも、真摯な努力家であることがうかがえます。「介護業務を遂行する上で、外国人は日本人に決して引けを取らない」と、実際に外国人介護人材と接している多くの人が言います。

　また、出身国や立場は異なっても、「同じ地域で暮らす仲間である」という意識を私たちがしっかりと持つことが大切だと考えます。日本の賃金水準が、諸外国に比べて特段魅力的ではなくなった今、外国人にとって、日本が「充実した生活が送れる素敵な場所」でなければ、いずれは見向きもされなくなってしまうかもしれません。国籍の殻に閉じこもることなく、外国人とより積極的に関わりを持ち、共に過ごしやすい多文化共生社会を創っていくことが、外国人介護人材が日本に来てくれる、そして定着してくれることへの大きなインセンティブになると考えます。

　外国人介護人材は、私たち日本人と一緒になって、この地域での私たちの生活を豊かにすることに大きく貢献してくれています。地域を、そして日本を支える「かけがえのない仲間」として、社会全体が心から受け入れることを願ってやみません。

コラム　多文化共生のために　〜「ippo to the world」（岐阜県飛騨市）の活動 〜

　「ippo to the world」（代表：髙知尾 瞳）は、飛騨市神岡町で活動するボランティア団体です。当市の外国人人口は年々増加しており、外国人技能実習生がその多くを占めています。しかし地域と接する機会が少なく、交流は同じ職場の日本人や同郷の仲間に限られており、一方地域住民は、近隣の企業や施設で働く外国人の出身や素性をほとんど知りません。

　そこで「ippo to the world」では、一人ひとりを尊重し、言語や文化の壁を越えて相互理解を深めることを目指し、外国人と地域の方が交流できる機会を設けています。これまでに、外国人による母国紹介、料理教室、茶道・着物体験、ミニコンサート、ゲーム交流など、多彩な活動を行ってきました。また、地域の防災力を高める観点から、外国人と地域住民が協力して学ぶ防災勉強会も実施しました。

　このように「ippo to the world」は、外国人と地域住民が楽しみながら学び合い、お互いの距離を縮めることを通じて、多文化共生の実現に取り組んでいます。

写真提供： ippo to the world

3.2.7. 介護サービス利用時のマナー向上

　介護サービスの質の維持・向上のためには、利用者と介護スタッフの双方が互いに敬意を払い、良好な関係を築くことが不可欠です。しかし現実には、介護施設や訪問介護の現場において、利用者やその家族のマナーが問題となっており、カスタマーハラスメント（カスハラ）やセクシャルハラスメント（セクハラ）に相当する事例も報告されています。

　カスハラは、利用者や家族が不当な要求や暴言を繰り返すことによって、またセクハラは、性的な言動や行為によって介護スタッフに精神的な苦痛を与え、職務に対するモチベーションを著しく低下させます。これらのハラスメントは、被害者の心理的健康を損ない、介護サービスの質を著しく低下させる要因となります。介護サービスは、利用者と介護スタッフが２人だけの状態で提供されることも少なくなく、認知症の人の理不尽な要求や行動が病気によるものなのか、性格によるものなのかがはっきり分からない場合もあるなど、業界特有の事情もあります。人々のサービス利用者としての権利意識の高まりにより、介護スタッフが理不尽な要求や嫌がらせに直面するケースの増加も懸念されます。

図表 3-23　利用者や利用者の家族から受けたハラスメント（複数回答）

（単位：件、%）		回答者数	セクハラ（性的嫌がらせ）	暴力	暴言（直接的な言葉の暴力）	介護保険以外のサービスを求められた	受けたことはない*2
全体		20,699	7.6	10.1	21.6	16.9	55.1
性別	男性	4,769	2.1	13.3	23.3	16.2	57.2
	女性	15,306	9.2	9.1	21.0	17.0	54.6
主な職種別	訪問介護員	2,857	7.9	5.4	20.4	28.9	50.2
	介護職員	8,340	8.0	16.8	22.6	6.1	60.3
	サービス提供責任者	1,750	7.5	5.7	22.9	35.8	43.2
	生活相談員	1,205	7.0	8.0	19.0	16.8	58.1
	看護職員	2,240	11.5	6.5	21.5	11.5	56.2
	PT・OT・ST	451	6.2	4.2	15.5	14.2	63.9
	介護支援専門員	2,418	3.4	2.4	22.7	31.7	46.3
職位別	管理職	3,514	5.0	6.9	23.0	25.0	50.6
	主任・リーダーなど*1	4,062	8.0	15.2	24.2	16.9	51.6
	一般職・担当職	12,678	8.2	9.4	20.5	14.6	57.8

（注1）「その他」、無回答は非掲載。
　＊1： 主任・（サブ）リーダーなど職場のまとめ役
　＊2： 仕事中に利用者やその家族からそのようなことを受けたことはない
（注3）網掛けセルは全体よりも5ポイント超上回るもの。斜線セルは全体よりも5ポイント超下回るもの。

出所： 公益財団法人介護労働安定センター　令和５年度介護労働実態調査

　2023年度（令和5年度）介護労働実態調査によれば、全国の介護保険サービスを実施する事業所で働く従業員の半数近くが、仕事中に利用者やその家族からのハラスメントを受けたことがあると回答しています。その内訳は、「介護保険以外のサービスを求められた」と回答した割合がサービス提供責任者や介護支援専門員、訪問介護員で、また「暴力」と回答した割合が介護職員で比較的高いという結果でした【図表3-23】。

　他人の尊厳を尊重し、健全な人間関係を築く上で、カスハラやセクハラは、どちらも決して許されるべきではない恥ずべき行為です。サービス利用者やその家族のマナーの悪さが原因で、介護を担う人材が離職していくことは、地域の介護体制を根本から脅かす恐れがあります。私たちは、まず自らがそのようなマナーに反する行為をしないのはもちろんのこと、そうしたケースを見聞きした場合には、速やかに管理者に相談するなど、「大切な介護スタッフをみんなで守っていく」という意識を持つことが大切だと考えます。

3.2.8. 介護に備える意識を持つ

　高齢化に伴い、介護は多くの家庭が直面する課題となっています。しかし、私たちの介護に対する意識や認識は十分とは言えず【図表 3-24】、自分が介護をする、または介護を受ける状況に直面して初めて、公的介護制度について調べ、知識を得る人が少なくありません。「介護はまだ先のこと」「自分は要介護にはならない」などと思わずに、自分や家族が要介護状態になることを具体的にイメージし、早くから認識を深めていくことが大切です。勉強会や講演会などへの参加も有効ですが、テレビのニュースを意識的に視聴する、新聞の介護関連記事を丁寧に読む、友人や地域の人々と情報交換する、ネットや動画サイトを活用するといった方法があります。こうした活動を通じて得られる知識は、自分が家族をケアする立場になった場合も、逆に自分がケアされる立場になった場合も、必ず役立つことでしょう。

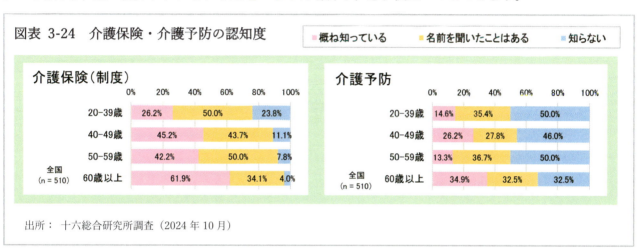

図表 3-24　介護保険・介護予防の認知度

出所：十六総合研究所調査（2024 年 10 月）

■介護予防と社会参加

　介護予防とは、高齢者が要介護状態や寝たきりになることを防ぐために、身体機能の低下や認知症の進行を遅らせるための取り組みを意味します。さらに、すでに要介護状態にある人の状況を悪化させない（できれば改善する）ための取り組みも含まれます。具体的な介護予防の方法としては、適度な運動、バランスの良い食事、定期的な口腔ケア、積極的な人との交流などが有効とされています。

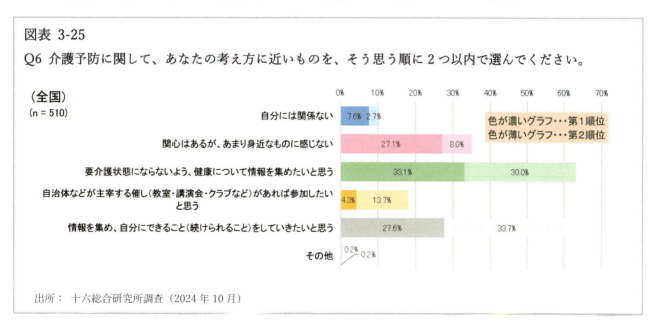

図表 3-25
Q6 介護予防に関して、あなたの考え方に近いものを、そう思う順に 2 つ以内で選んでください。

出所：十六総合研究所調査（2024 年 10 月）

　図表 3-25 によれば、介護予防に関して「自分には関係ない」と回答した割合は、第 2 順位まで合算しても約 1 割と低く、多くの人が介護予防に関心を持ち、情報を収集したいと考えています。しかし、「自治体

などが主宰する催し（教室・講演会・クラブなど）があれば参加したいと思う」と回答した人の割合は、第2順位まで合算しても2割に満たない状況です。こうした催しは多くの自治体で実施されており、参加することは非常に有益なのですが、積極的に参加しようとする人は限られているようです。

健康管理の側面から、運動（身体活動）や食事が大切なことは言うまでもありませんが、それと同等に重要なのが人との交流（社会参加）です。個人の価値観や趣味・嗜好が多様化した現在においては、各自がその人に合った社会参加の形を自ら見出し、主体的に介護予防に取り組む意識と行動がいっそう大切になると考えます。例えば以下のような活動を行うなど、自ら社会と関係を持ち続ける意識が介護予防にはとても有効です。

- 趣味が合う人との交流
- サークル活動
- 会社時代の仲間との交流
- 大学や勤務先などの同窓会への参加
- 居酒屋・カラオケ・銭湯などにおける地域の人との交流
- 地域行事への参加

■介護にかかる費用

介護にはお金がかかるというイメージがあります。実際に、アンケート回答者の約6割が、介護を受けるにあたり経済面の不安を挙げています【図表 3-26】。それは、自分が老後にどのような状態になるかは見通せず、それがどれほどの期間続くかも分からないため、一概に「いくら準備すれば老後は安泰か」という問いに答えることは難しいからだと考えられます。若いうちから無理のない範囲で貯蓄と投資を行い、自分の老後に備えた資産形成をする意識が大切です。

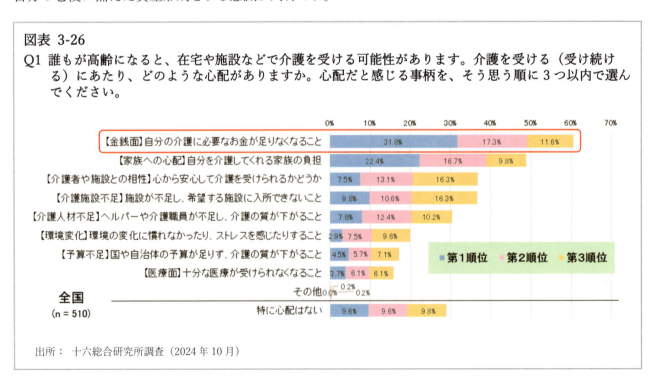

図表 3-26
Q1 誰もが高齢になると、在宅や施設などで介護を受ける可能性があります。介護を受ける（受け続ける）にあたり、どのような心配がありますか。心配だと感じる事柄を、そう思う順に3つ以内で選んでください。

出所：十六総合研究所調査（2024年10月）

ここで参考までに、介護にかかる費用の平均値を試算します。生命保険文化センターの調査によれば、介護を始めてからの期間（介護中の場合は経過期間）は、平均55.0か月（4年7か月）となっています【図表3-27】。

図表 3-27　介護期間（2人以上世帯）

■6か月未満　■6か月～1年未満　■1年～2年未満　■2年～3年未満　■3年～4年未満　■4年～10年未満　■10年以上　■不明

6.1%　6.9%　15.0%　16.5%　11.6%　27.9%　14.8%　1.3%

平均 55.0か月

出所： 公益財団法人生命保険文化センター　生命保険に関する全国実態調査（2025年1月）p176 より十六総合研究所作成

また、介護に要した費用（公的介護保険サービスの自己負担費用を含む）のうち、一時費用（住宅改造や介護用ベッドの導入など一時的にかかった費用）の合計額は平均47万円、月々の費用（月々支払った費用）は月額平均で9.0万円となっています【図表3-28】。月々の費用を、介護を行った場所別に見ると、「在宅」は5.2万円、「施設」は13.8万円となっています。

図表 3-28　介護にかかる費用（2人以上世帯）

◆ 一時的な費用の合計（要介護度別）　　※ 全体の平均は47万円
（万円）

公的介護保険の利用経験あり	要支援1	要支援2	要介護1	要介護2	要介護3	要介護4	要介護5	公的介護保険の利用経験なし
46	44	44	30	54	42	52	47	68

＊「掛かった費用はない」を0円として平均を算出
＊要支援1はサンプル数が30未満

◆ 介護費用（月額）

■支払った費用はない　■1万円未満　■1万円～2万5千円未満　■2万5千円～5万円未満
■5万円～7万5千円未満　■7万5千円～10万円未満　■10万円～12万5千円未満　■12万5千円～15万円未満
■15万円以上　■不明

0.0%　5.9%　15.1%　13.3%　9.9%　4.4%　10.4%　5.5%　19.3%　16.1%

平均 9.0万円

※「支払った費用はない」を0円として平均を算出

◆ 介護費用（月額）（介護を行った場所別）
（%）

	支払った費用はない	1万円未満	1万～2万5千円未満	2万5千～5万円未満	5万～7万5千円未満	7万5千～10万円未満	10万～12万5千円未満	12万5千～15万円未満	15万円以上	不明	平均（万円）
在宅	0.0	8.6	22.8	18.4	13.0	4.0	6.3	1.2	6.9	18.7	5.2
施設	0.0	2.1	4.6	6.3	5.8	4.6	16.7	12.1	37.5	10.4	13.8

＊「支払った費用はない」を0円として平均を算出

出所： 公益財団法人生命保険文化センター　生命保険に関する全国実態調査（2025年1月）p179、p180
（介護費用（月額）のみ 同資料より十六総合研究所作成）

これらのデータから、介護にかかる費用の平均は、在宅介護では約 333 万円、施設入所では約 806 万円と推定されます【図表 3-29】。

図表 3-29　介護にかかる平均費用の試算

一時費用 ＋ 月額費用 × 平均介護期間 ＝ 介護費用総額
在宅：　47 万円 ＋ 5.2 万円 × 55.0 か月 ＝ 約 333 万円
施設：　47 万円 ＋ 13.8 万円 × 55.0 か月 ＝ 約 806 万円

出所：十六総合研究所作成

65 歳になると公的年金を受給できるため、介護にかかる費用の全額をあらかじめ用意しておく必要はありません。例えば、老人ホームは月に 15 万円程度はかかることがあるようですが（地域や施設により異なります）、支給される国民年金や厚生年金をその支払いに充て、不足する分を自分の預金などから支払うイメージです。ただし、自分の受け取る予定の年金と保有している資産の合計額が、その人が利用できる介護サービスの幅を決定するため、資産の額は多いにこしたことはありません。

そこで、できる限り若いうちから、NISA（少額投資非課税制度）、iDeCo（個人型確定拠出年金）などを利用して、長期的な資産形成を行うことがお勧めです。その際は、資産運用の 3 つの基本である「長期」・「積立」・「分散」を実践すると良いでしょう。自分が元気なうちに、所定の要介護状態になった場合に介護一時金や介護年金が受け取れる、民間の介護保険に加入することも一案です。

老後や介護を視野に入れた資産形成については、専門家のアドバイスを受けることも有益です。信頼できる金融機関の担当者やファイナンシャル・プランナーなどに相談すると、自分の家計の状況や価値観に合った資産形成の方法について、有益なアドバイスがもらえると思います。

3.2.9. 認知症の人に寄り添う

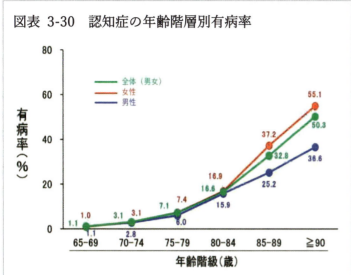

図表 3-30 認知症の年齢階層別有病率

出所： 認知症及び軽度認知障害の有病率調査並びに将来推計に関する研究報告書　令和5年度老人保健事業推進費等補助金（老人保健健康増進等事業）九州大学

高齢になると、認知症を発症するリスクが高まります。九州大学の調査によれば、85歳〜89歳の約3分の1が、90歳以上では半数以上が認知症の状態にあります【図表3-30】。ただし、これには、認知症の前段階で生活に支障がない程度の認知機能や記憶力の低下が見られる「軽度認知機能障害（MCI）」の人は含まれていないため、実際にはもっと多くの人に、物忘れや無気力、計画的な行動が難しいといった症状が現れていると考えられます。

また同調査では、認知症患者数とMCI患者数の合計が2022年時点で1,000万人を超えており、その後も増え続け2060年には1,277.3万人になると推計しています【図表3-31】。有病率（高齢者に占める割合）も増加傾向にあり、2060年には両者を合わせると35.1％、つまり高齢者の3人に1人が、何らかの認知上の問題を抱える時代が来ると予想されます。

図表 3-31 認知症とMCIの患者数と有病率の推移（推計）

出所： 認知症及び軽度認知障害の有病率調査並びに将来推計に関する研究報告書　令和5年度老人保健事業推進費等補助金（老人保健健康増進等事業）九州大学

認知症は、脳の機能が慢性的に低下することにより、中核症状（記憶障害、見当識障害、理解・判断力の障害、実行機能障害など）や周辺症状※（徘徊、不潔行為、幻覚、妄想、暴言、暴力など）が現れる病気です。そして、特に後者がケアラーの心身を疲弊させることが問題となっています。認知症が重度になると医療処置が必要となり、在宅でのケアが困難になります。

※ 周辺症状は、行動・心理症状（BPSD）とも言います。

認知症になりかかっていることに、自分ではなかなか気付けないものですし、自覚症状があっても、自分から行動を起こせる人はそれほど多くないと思われます。従って、家族に高齢者がいる場合は、日常の変化に気を配り、「何かおかしい」と感じた場合は、すぐに行動を起こすことをお勧めします。認知症についてあまり知識がない人は、認知症の症状や認知症の人との接し方などについて情報を集めましょう。そして、自分や家族だけで悩むのではなく、かかりつけ医（家庭医）や専門医療機関、地域包括支援センターなどの専門家に相談し、必要ならば一刻も早く対応を進めていくことが大切です。認知症を完全に治す

薬はまだ開発されていませんが、早期に対応を始めれば、病気の進行を遅らせることができる場合もあります。

　認知症になると、人が変わってしまったように見え、重度になると、家族を認識できなくなることもあります。しかし、その人がその人でなくなってしまうわけではありません。家族に認知症の人がいて、「困った言動や心理症状」が現れた時、私たちは「どうすればその症状をなくすことができるか」を考え、そのために力を注ぎがちです。しかし、私たちから見た「困った言動や心理症状」は、本人にとっては実は意味があるもので、私たちがその人の立場になって、そこに至る理由や経過を理解しようと努力をすることにより、認知症の人がより安心で穏やかな暮らしを送ることができると言われています。認知症の人の考え方や価値観、人生観を尊重し、私たちと同じ一人の人として、穏やかに接していくことが大切です。

コラム　認知症の母に寄り添う

　筆者が、母との会話に違和感を覚えたのは10年ほど前です。「もしかしたら認知症かもしれない」と思った私は、母を説得して、地域で名の知れた専門病院の外来を訪れました。認知症との診断を受け、内服薬による治療が始まりましたが、症状は徐々に進行していきました。あるとき、母のかかりつけ医が要介護認定を受けることを勧めてくれたため、地域包括支援センターに相談し、いろいろと支援をいただいた結果、要介護2の認定を受けました。

　母の認知症は妄想の症状が強く、「家の柱の太さが昨日と違っている」「道路の側溝の位置が今朝と変わっている」「誰かが家の中で自分を見張っている」といった、現実にはあり得ない発言を毎日何度もするため、同居する父は困り果てていました。言い合いになり、父では対応しきれなくなると私の出番で、電話か実家に出向き、「そんなことは物理的に起こらないよ」「これが昨日の写真だけどコンクリートの側溝は動かないよ」「入口に鍵があるから誰も入ってこないよ」と懸命に説得を試みました。最後は母が根負けして「分かった」と言って静かになるのですが、その表情はどこか寂しげでした。

　本書を執筆する際に気付いたのですが、私の発言は母の「困った言動」を封じ込めるためのもので、母の気持ちに寄り添ったものではなかったのです。きっと母は、認知のゆがみから自分でもよく分からないうちに変化してしまう（変化したように感じる）周囲の世界や、遠い記憶と目の前の現実とのギャップに戸惑い、大きな不安を感じ、それがあのような発言につながったのではないかと思います。母が望んでいたものは、理論的な説明ではなく、何が起きても大丈夫、自分がここに居ても大丈夫という安心感だったのかもしれません。

　母は一昨年他界しましたが、自分に認知症に関するもっと深い知識あれば、そしてもっと母に寄り添うことができていれば、母の寂しげな表情を温かな笑顔に変えられたかもしれない…。その思いが、胸の奥深くに静かに残っています。

3.2.10. 権利擁護の制度を知る

　高齢者介護において、「権利擁護」とは高齢者の人権・尊厳を守り、本人がその人らしく生きていくための支援を行うことを意味します。加齢や認知症などにより記憶力や判断力が低下すると、虐待や不適切な扱い、高齢者を狙った犯罪（悪徳商法）などの危険にさらされやすくなります。また、自分で介護サービスの利用契約ができなくなったり、資金管理が困難になり無駄遣いをしてしまったりする可能性も高まり、自身の判断だけでは安心で安全な日常生活を送ることが難しくなります。このため、高齢者介護の文脈において、権利擁護は「虐待・不適切なケアの防止」や「財産管理・身上監護※」が主要なテーマとなります。前者については3.2.3.で少し触れましたので、ここでは後者について述べます。

　※ 身上監護とは、成年後見制度（後述）において、介護サービスの契約、入退院・施設の入退所の手続きや契約など、後見人が被後見人の生活・医療・介護などに関する契約や手続きを行うことです。

　権利擁護の基本は、アドボカシー（advocacy）にあると言われます。アドボカシーとは、当事者が、なかなか的確な言葉にできない自らの思いや希望に気付き「声」を上げられるよう支援することです。判断能力の低下により、一人で物事を上手く決められない人に対して、共に歩み、考え、意思を表明できるようサポートし、その実現を権利として擁護していくことが大切です。

　権利擁護の推進のため、日本においては、成年後見制度（①法定後見制度　②任意後見制度）、③家族信託、④日常生活自立支援事業などの制度が整備されています。このうち、判断能力が衰えた後に申立てが可能なものは①法定後見制度に限られます。②任意後見制度、③家族信託、④日常生活自立支援事業は、いずれも判断能力が衰える前に申請する必要があります。安心で安全な老後のためには、判断能力があるうちに自分の置かれた状況や将来への希望を検証し、必要に応じて適切な制度を利用することが望ましいと考えます【図表3-32】。

　その理由は、加齢や認知症などにより本人の判断能力がないと判断されると、生活や人生の計画に支障が出る可能性があるためです。例えば、金融機関では定期預金の解約や、多額の現金の払出し・振込、キャッシュカードの再発行などを行うことができません。株式や不動産の売却などもできなくなるため、「老後は株式や自宅を売却して得たお金で老人ホームに入居しよう」と計画していた場合、困ったことになりかねません。判断能力が衰える前に、本人が家族や親族と自分の思いや希望を共有し、それを滞りなく実現するための戦略を立て、必要に応じて早めに対策を始めることが重要です。

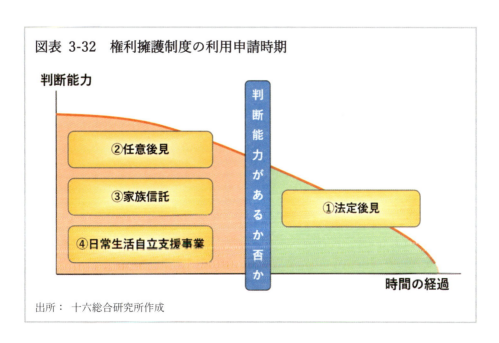

図表 3-32　権利擁護制度の利用申請時期

出所：十六総合研究所作成

■成年後見制度

　成年後見制度とは、精神上の障害や病気により判断能力が不十分であるため、法律行為における意思決定が困難な人（被後見人等）について、本人の権利を守るために選任された援助者（成年後見人等）により、本人を法律的に支援する制度で、①法定後見制度と②任意後見制度があります【図表3-33】。

①法定後見制度

　本人の判断能力が不十分になった後に、家庭裁判所によって選任された成年後見人等（成年後見人、保佐人、補助人）が本人を法律的に支援する制度で、財産管理（本人の預貯金や不動産の管理）と身上監護（介護サービスの契約、入退院・施設の入退所の手続きや契約）を行うことで本人の権利を守ることを目的とします。本人の判断能力に応じて、「後見」、「保佐」、「補助」の3類型があり、判断能力を常に欠いている状態の人には成年後見人を、判断能力が著しく不十分な人には保佐人を、判断能力が不十分な人には補助人を裁判所が選任します。成年後見人には、代理権（本人を代理して契約などの法律行為ができる）、取消権（本人がした不利益な法律行為を取り消すことができる）が与えられます。

　一度成年後見人が選任されると、原則として本人が死亡するまで変更することはできません。近年は、家族や親族が成年後見人に選任されず※、司法書士や弁護士、社会福祉士などの専門職が選任されるケースが増えています。また、必要に応じて、成年後見人の業務が適切に行われているかをチェックする後見監督人が選任されます。いずれも、専門職が選任されると報酬の支払いが発生し、本人の死亡まで続きます。

※ 2023年の1年間で、親族が成年後見人等に選任された割合は全体の18.1%でした。

　成年後見人は、被後見人の利益（財産の保全）を最優先に後見業務を行うことが求められます。このため、被後見人の財産を減らすリスクがある積極的な資産運用や投資、贈与や相続税対策などは原則行うことができず、被後見人が住んでいる家を売却する場合も、家庭裁判所の許可が必要となります。また、成年後見人は、結婚、離婚、養子縁組などの身分行為や、手術、輸血などの医療行為の同意もできません。

図表3-33　成年後見制度の概要

	法定後見制度	任意後見制度
制度の概要	本人の判断能力が不十分になった後に、家庭裁判所によって選任された成年後見人等（成年後見人、保佐人、補助人）が本人を法律的に支援する制度 本人の判断能力に応じて、「後見」、「保佐」、「補助」の3つの制度がある。	本人が十分な判断能力を有する時に、あらかじめ、任意後見人となる者や将来その者に委任する事務（本人の生活、療養看護及び財産管理に関する事務）の内容を定めておき、本人の判断能力が不十分になった後に、任意後見人がこれらの事務を本人に代わって行う制度
申立手続	家庭裁判所に後見等の開始の申立てを行う必要がある。	① 本人と任意後見人となる者との間で、本人の生活、療養看護及び財産管理に関する事務について任意後見人に代理権を与える旨の契約（任意後見契約）を締結 → この契約は、公証人が作成する公正証書により締結する必要がある。 ② 本人の判断能力が不十分になった後に、家庭裁判所に対し、任意後見監督人の選任の申立てを行う。
申立てをすることができる人	本人、配偶者、四親等内の親族、検察官、市町村長など	本人、配偶者、四親等内の親族、任意後見人となる者
成年後見人等、任意後見人の権限	制度に応じて、一定の範囲内で代理したり、本人が締結した契約を取り消すことができる。	任意後見契約で定めた範囲内で代理することができるが、本人が締結した契約を取り消すことはできない。
後見監督人等（注）の選任	必要に応じて家庭裁判所の判断で選任される。	全件で選任される。

（注）後見監督人等＝法定後見制度における後見監督人、保佐監督人、補助監督人
　　　任意後見制度における任意後見監督人

出所：厚生労働省HP　成年後見制度の現状（2024年4月）　一部改変

②任意後見制度

　本人が十分な判断能力を有するうちに、あらかじめ任意後見人となる人や将来その人に委任する事務（本人の生活、療養看護および財産管理に関する事務など）の内容を公正証書で定めておき、本人の判断能力が不十分になった後に、任意後見人がこれらの事務を本人に代わって行う制度です。本人が後見人を

自分で選ぶことができ、また将来の希望を具体的に契約に盛り込むことで、これを実現させやすいという特徴があります。

任意後見人には代理権が与えられるため、例えば老人ホームへの入所手続きなどの法律行為をすることができます。また、身内が任意後見人になる場合などは任意後見人への報酬の支払いをゼロにすることも可能ですが、任意後見人が財産管理において適切な行動を取っているかを定期的にチェックする任意後見監督人が選任されるため、少なくとも任意後見監督人への報酬の支払いは発生します。

法定後見制度が、法律によって権限が与えられるのに対し、任意後見制度は、契約を結ぶことによって権限が与えられるという違いがあります。任意後見制度は、判断能力が衰え自分の気持ちを表現できなくなる場合に備え、自分が信頼できる特定の人に、自分の財産管理と身上監護を任せたいというニーズに対応するものと言えるでしょう。

図表 3-34　成年後見制度の利用者数の推移

出所：最高裁判所事務総局家庭局　成年後見関係事件の概況（令和5年1月～12月）

成年後見制度は、2000年4月に介護保険制度と同時にスタートし、すでに四半世紀が経過しましたが、介護保険制度とは対照的にその利用は低調です。2023年末時点における全国の成年後見制度（成年後見・保佐・補助・任意後見）の利用者数は合計で249,484人となっています【図表3-34】。最高裁判所事務総局家庭局によれば、成年後見の開始原因は認知症が最も多く全体の62.6%を占め、次いで知的障害が9.9%、統合失調症が8.8%となっています。認知症患者数とMCI患者数の合計は、2022年時点で1,000万人を超えており（3.2.9.参照）、成年後見制度を利用する人はそのごく一部にとどまります。その背景には、以下のような要因が考えられます。

・**制度の認知度が低い：**　成年後見制度の認知度が低く、多くの人々がその存在や利用方法をよく知りません。
・**制度の利用に手間や費用がかかる：**　手続きの複雑さや、手続き費用および月々の費用が高額であることも利用を躊躇する原因となっています。成年後見制度は開始時に数万円～数十万円、継続的に支払う費用（後見人の報酬など）は、法定後見制度の場合：月額2万円～6万円程度（地域や管理財産額によって幅があります）、任意後見制度の場合：無償～月額数万円程度、後見監督人の報酬は月額1万円～3万円程度が目安とされています。後見の期間が長くなると、後見人などに対する報酬もそれに比例して大きくなるため、財産の目減りを心配する人が多いのも事実です。

・成年後見制度を利用しなくても対応可能なケースもある： 図表 3-35 は成年後見制度における主な申立ての動機を示していますが、全体の約 3 割が「預貯金等の管理・解約」、次いで「身上保護」「介護保険契約」「不動産の処分」の順となっています。首位の「預貯金等の管理・解約」でも約 3 万 8 千件にとどまり、認知症患者数と MCI 患者数の合計が 1,000 万人を超えるという現状から、成年後見制度の利用は非常に少ないように思われます。理由の一つとして、介護にあたる家族が本人のキャッシュカードの暗証番号を知っているため、判断能力が衰えた後も生活に困らない人が一定数いることが考えられますが、本来は認められにくい行為です。また、すでに述べた通り、定期預金の解約や大口の資金移動、株式や不動産の売却などには、本人の意思確認が必要となります。

図表 3-35　成年後見における主な申立ての動機別件数・割合　（件）

※ 対象は、2023 年 1 月～12 月までの 1 年間における、全国の家庭裁判所の成年後見関係事件（後見開始、保佐開始、補助開始及び任意後見監督人選任事件）の終局事件。
※ 1 件の終局事件について主な申立ての動機が複数ある場合があるため、総数は、終局事件総数（40,665 件）とは一致しない。
※ 「身上保護」には、身寄りのない人が施設に入居する際に、後見人が必要となるケースなどが該当する。

出所： 最高裁判所事務総局家庭局　成年後見関係事件の概況　（令和 5 年 1 月～12 月）

　上記のような問題を解決し、制度の利用を促進するため、成年後見制度利用促進法が 2016 年に制定されました。政府は 2022 年に第二期成年後見制度利用促進基本計画を定め、さまざまな施策を実施しており、市町村は同計画に基づき、制度の普及や実施機関の設立、市民後見人※育成など総合的に取り組むことが求められています。

※ 市民後見人は、市区町村等が実施する養成研修を受講するなどして、成年後見人等として必要な知識を得た一般市民の中から、家庭裁判所が成年後見人等として選任した人です。

■**家族信託**※（民事信託）
　成年後見制度は、本人の財産を守ることが目的であるため制約が多く、使い勝手があまり良くないというデメリットが指摘されます。手続きを開始してから後見人が決まるまでに 2 か月～半年程度を要することが多く、迅速な対応ができません。また、弁護士や司法書士などの専門職が後見人や後見監督人に選任されるケースが多く、相応の報酬の支払いが発生するほか、後見人には家庭裁判所（任意後見人は任意後見監督人）への定期報告義務があり、自己の都合で自由に辞任することはできません。

　そこで、近年、判断能力が低下した人の財産を、家族など本人が信頼する人が管理・運用する財産管理の一手法として③**家族信託**が注目されています。

※ 「家族信託」は、一般社団法人家族信託普及協会の登録商標です。また、家族信託と民事信託に法律上の違いはなく、家族信託は民事信託のうち家族間で行われるものを、分かりやすい言葉で表現したものです。

家族信託とは、資産を有する人（委託者）が信託契約によって、特定の目的（例：老後の生活・介護等に必要な資金の管理および給付）に従って、保有する不動産・預貯金等の資産（信託財産）の管理・処分などを、家族や親族など信頼できる人（受託者）に任せるもので、2006年の信託法の改正により導入されました。委託者と受託者が契約書を取り交わすことで契約が成立しますが、公正証書にした方が、将来のトラブル予防という点で好ましいとされています【図表3-36】。

　信託財産に着目すると、委託者は金銭や土地、建物などの信託財産を受託者に移転（名義変更）し、受託者は、信託契約に示された委託者の希望に沿うよう、受益者（通常委託者本人）のために信託財産の管理・運用・処分を行い、そこで得た利益は受益者が受け取ります。数万円～数十万円程度の初期費用が必要ですが、家族・親族に管理を託すため、成年後見制度のようなランニングコスト（月額報酬）は発生しません。また、遺言と同様に死後の財産の受取人の指定や、遺言では指定できない二次相続以降の遺産分割について指定することができるといったメリットもあり、終活の一環として利用している人もいます。

　家族信託は、財産管理の一手法であるため身上監護はできません。老人ホームなどの施設入所に関する契約や、入院の手続き、介護保険の認定申請など、身上監護が必要な場合は、成年後見制度を併用する必要があります。また、家族信託は委託者と受託者の間で契約が成立するため、他の親族の同意を得ないまま契約を行った場合、後にトラブルになる可能性があります。

　成年後見制度や家族信託の仕組みは複雑で、それぞれ異なった特徴があります。成年後見制度の利用を検討する際は、地域包括支援センターや自治体（市区町村）の福祉関係部署、中核機関（成年後見支援センターなど地域によって名称が異なる）などが相談窓口になります。家族信託は比較的新しい制度であり、実績のある司法書士・弁護士などの専門職のほか、金融機関、公証人役場などが相談窓口になります。

■日常生活自立支援事業
　また、社会福祉協議会では、高齢や障害などにより一人では日常生活に不安のある人が、地域で安心して自立した生活が送れるよう、通帳など重要書類の預かりや、預金の引き出しなど日常的な金銭管理、福祉サービスの利用手続きなどを支援する④日常生活自立支援事業を実施しています。利用に際しては、本人に判断能力があることが前提となりますが、お金の管理などに不安を感じ始めた人などが、比較的手ごろな手数料で利用できる身近なサービスと言えます。詳細は地域の社会福祉協議会にお問い合わせください。

3.3. 地域の企業への提言

3.3.1. 仕事と介護の両立支援

　介護は突如として訪れる人生の大きな転機であり、仕事と介護の両立に悩む人は少なくありません。特に初めて介護に直面する人は、時間的・体力的な制約から、仕事の継続に深刻な不安を感じ、離職を真剣に検討せざるを得ない状況に陥ることがあります。介護に関する詳細な知識を持つ人は限られているため、企業は貴重な人材を失わないよう、積極的かつ包括的なサポート体制を構築することが不可欠です。

　介護離職を回避する一つの手段として、介護休暇や介護休業といった制度の利用が考えられますが、その認知度は育児休業制度に比べ低く、岐阜県や名古屋市などでは全国よりもさらに低いという現実があります【図表 3-37】。

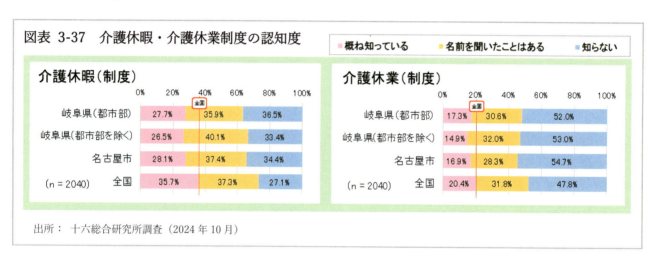

　目先の労働力不足への懸念から、従業員の休暇取得推進を躊躇する企業もあると思います。しかし、長期的な視点に立てば、従業員が「働きやすい」と感じられないような職場環境は人材流出を招き、深刻な人手不足に陥るリスクがあります。人材確保が困難な現代において、仕事と介護の両立を可能とするための環境整備は、もはや企業存続の絶対条件と言っても過言ではありません。長年にわたり共に歩んできた優秀な人材を失うことは、企業にとって取り返しのつかない損失となり得ます。特に中核人材の離職は、単なる人員の欠損にとどまらず、企業の存続そのものを脅かす可能性があります。

　仕事と介護の両立のためには、介護を単なる「個人の問題」としてではなく、「企業全体で取り組むべき重要な経営課題」として捉えることが大切です。両立支援体制を構築し、介護離職を可能な限り防ぎ、キャリアの継続を積極的にバックアップする姿勢が求められています。

仕事と介護の両立支援

社内環境の整備	仕事と介護の両立を可能にする社内環境の整備は、単なる福利厚生を超えた経営戦略的なアプローチと言えるでしょう。人材の一時的な離職は、介護に限らず病気やケガ、さまざまなライフイベントによっても起こり得ることであり、BCP（事業継続）の観点からも、中核人材が一時的に離職しても事業に重大な支障をきたさない、強靭な組織づくりが重要となります。業務プロセスの標準化やマニュアルの整備、暗黙知の形式知への転換、DX（デジタルトランスフォーメーション）の戦略的活用などに十分なリソースを配分するとともに、柔軟

	な人員配置、多様かつ柔軟な働き方を可能とする人事制度、風通しの良い企業風土を実現していくことが求められています。こうした取り組みは、企業価値を高めることにつながります。 人事制度については、所定外・時間外・深夜労働の制限、転勤への配慮、時差出勤制度・フレックスタイム制度・短時間勤務制度の充実、テレワークの積極的導入、介護休暇・介護休業制度の普及促進、介護費用の助成など、ライフイベントに対応した、自社で導入可能な制度の採用を検討しましょう。
ケアラーに寄り添う支援体制と介護リテラシーの向上	介護に関する悩みをチーム（企業）全体で共有し、最適な解決策を共に模索する環境づくりが重要です。社内の風通しを良くすることはもちろんですが、定期的な面談を行ったり、介護の相談窓口を設け相談しやすい環境を整えたりするのも良いでしょう。ケアラーは身体的・時間的な負担だけでなく心理的な負担も大きいため、メンタル面でのサポートは極めて重要です。地域包括支援センターを紹介し、介護保険サービスや地域資源を適切に利用するようアドバイスをすることも有効です。 ケアラーが思い描くキャリアが継続できるよう支援していることや、業務分担や代替人員の確保などのバックアップ体制が整っていることを企業側が積極的にアピールしていくことで、仕事と介護の両立がしやすくなります。 同僚や上司・部下の理解・支援は、仕事と介護の両立のあり方や仕事を休む期間といった「介護生活の質」を左右します。一人ひとりが介護に関する一定以上の知識を身に付けることができるよう、パンフレットやガイドブックの配付や介護セミナーの開催、介護に関する包括的な情報提供など、介護リテラシー向上のための積極的な啓発活動が不可欠です。
管理者層のマネジメント能力向上	管理者層には、誰がケアラーになっても業務に支障がないよう、平時から職場内でサポートし合える体制を整えておく責任があります。実際に介護の課題を抱える人が出てきた際は、制度利用の意向、働き方の希望などを確認し、従業員とチームメンバーにも業務の偏りがないかなど、繊細かつ適切な配慮をしながら、チームの業務遂行を滞りなく進める必要があります。そのため、意識改革や実践的スキルの獲得、情報共有を目的とした管理者向け研修などによる管理者層への組織的なサポート体制が大切です。

2024年5月に育児・介護休業法及び次世代育成支援対策推進法が改正され、2025年4月1日から段階的に施行されます【図表3-38、3-39】。介護関係では、介護離職防止のための仕事と介護の両立支援制度の強化等として、以下のような改正が行われています。

・労働者が家族の介護に直面した旨を申し出た時に、両立支援制度等について個別の周知・意向確認を行うことを事業主に義務付ける。
・労働者等への両立支援制度等に関する早期の情報提供や、雇用環境の整備（労働者への研修等）を事業主に義務付ける。
・家族を介護する労働者に関し事業主が講ずる措置（努力義務）の内容に、テレワークを追加する。
・介護休暇について、勤続6か月未満の労働者を労使協定に基づき除外する仕組みを廃止する。

図表 3-38　令和 6 年改正法の概要（政省令等の公布後）

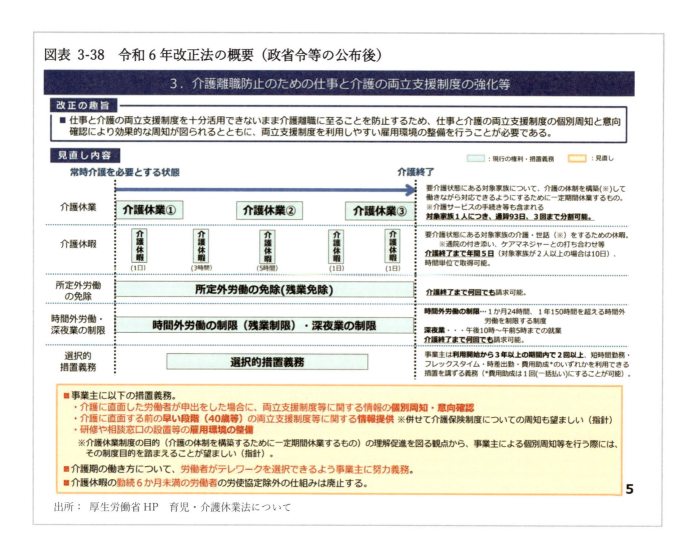

出所： 厚生労働省 HP　育児・介護休業法について

　法律は最低限の基準にすぎません。形式的な制度が整っていることは当然ですが、実効性の高いサポート体制が構築され、実際に従業員一人ひとりに寄り添った対応がなされていることが大切です。「出産・育児に手厚いこと」は、就職希望者が企業を評価する上で重要な項目となっていますが、中高年の転職も増えており、今後「ケアラーに手厚いこと」の重要性も高まっていくと考えられます。

　近年、人的資本経営（人材を「資本」として捉え、その価値を最大限に引き出すことで、中長期的な企業価値向上につなげる経営のあり方）が注目されており、仕事と介護の両立を、経営戦略（人材戦略）の一部として捉えることも重視されています。

図表 3-39　育児・介護休業法改正のポイント（一部抜粋）

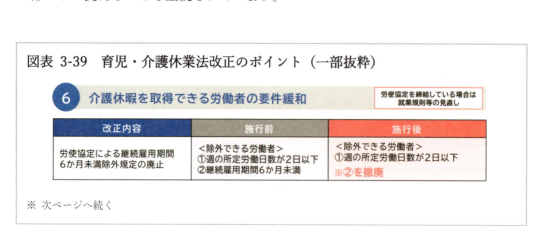

※ 次ページへ続く

7 介護離職防止のための雇用環境整備　　　　　　　　　　　　　　　　　　【義務】

介護休業や介護両立支援制度等（※）の申出が円滑に行われるようにするため、事業主は以下の①〜④いずれかの措置を講じなければなりません。

① 介護休業・介護両立支援制度等に関する**研修の実施**
② 介護休業・介護両立支援制度等に関する**相談体制の整備（相談窓口設置）**
③ 自社の労働者の介護休業取得・介護両立支援制度等の利用の**事例の収集・提供**
④ 自社の労働者へ介護休業・介護両立支援制度等の利用促進に関する**方針の周知**

※ i 介護休暇に関する制度、ii 所定外労働の制限に関する制度、iii 時間外労働の制限に関する制度、
　iv 深夜業の制限に関する制度、v 介護のための所定労働時間の短縮等の措置

【望ましい】　＊①〜④のうち複数の措置を講じること

8 介護離職防止のための個別の周知・意向確認等　　　　　　　　　　　　　【義務】

（1）介護に直面した旨の申出をした労働者に対する個別の周知・意向確認

介護に直面した旨の申出をした労働者に対して、事業主は介護休業制度等に関する以下の事項の周知と介護休業の取得・介護両立支援制度等の利用の意向の確認を、個別に行わなければなりません。
※ 取得・利用を控えさせるような個別周知と意向確認は認められません。

周知事項	①介護休業に関する制度、介護両立支援制度等(制度の内容) ②介護休業・介護両立支援制度等の申出先(例：人事部など) ③介護休業給付金に関すること
個別周知・意向確認の方法	①面談　②書面交付　③FAX　④電子メール等　のいずれか 注：①はオンライン面談も可能。③④は労働者が希望した場合のみ

（2）介護に直面する前の早い段階（40歳等）での情報提供

労働者が介護に直面する前の早い段階で、介護休業や介護両立支援制度等の理解と関心を深めるため、事業主は介護休業制度等に関する以下の事項について情報提供しなければなりません。

情報提供期間	① 労働者が40歳に達する日（誕生日前日）の属する年度（1年間） ② 労働者が40歳に達した日の翌日（誕生日）から1年間　のいずれか
情報提供事項	① 介護休業に関する制度、介護両立支援制度等(制度の内容) ② 介護休業・介護両立支援制度等の申出先(例：人事部など) ③ 介護休業給付金に関すること
情報提供の方法	①面談　②書面交付　③FAX　④電子メール等　のいずれか 注：①はオンライン面談も可能

【望ましい】
＊情報提供に当たっては、「介護休業制度」は、介護の体制を構築するため一定期間休業する場合に対応するものなど、各種制度の趣旨・目的を踏まえて行うこと
＊情報提供の際に、併せて介護保険制度について周知すること

9 介護のためのテレワーク導入　　　　　　　　【努力義務】　【就業規則等の見直し】

要介護状態の対象家族を介護する労働者が**テレワーク**を選択できるように措置を講ずることが、事業主に**努力義務化**されます。

Check!　介護離職防止のための雇用環境整備、個別周知・意向確認、情報提供の例
以下の資料をご用意しています。社内用にアレンジする等してご活用ください。

①個別周知・意向確認、情報提供、事例紹介、制度・方針周知ポスター例
https://www.mhlw.go.jp/stf/seisakunitsuite/bunya/000103533.html
②介護保険制度について（40歳の方向けリーフレット）
https://www.mhlw.go.jp/stf/newpage_10548.html

両立支援について専門家に相談したい方へ【中小企業育児・介護休業等推進支援事業】
https://ikuji-kaigo.mhlw.go.jp/

制度整備や育児・介護休業を取得する社員のサポート、仕事と育児・介護の両立を実現する体制作り等でお悩みの企業に、社会保険労務士等の専門家が無料でアドバイスします。

出所：厚生労働省HP　リーフレット「育児・介護休業法改正のポイント」から抜粋

> **コラム** 企業の持続的成長のために
>
> 十六総合研究所　コンサルティング部　部長　増田朋幸
>
> 　お客さまとのさまざまな関わりの中で、経営者からBCP（事業継続計画）の策定や見直し、健康経営®[※1]について相談を受けることがある。BCPは、最近発生頻度の高まりを感じる自然災害やサイバー攻撃といった緊急事態が発生した際に、事業継続への影響を最小限に抑えるための計画である。この中では、主に生産設備やサプライチェーンの維持確保や復旧、代替手段の確保などが検討されるが、重要な経営資源の一つである「ヒト」への対応は、災害時の安否確認などに留まり、コア人材の離職が緊急事態として十分検討されている企業が少ないと感じる。
>
> 　そうした中、「ヒト」に関する「2025年問題」が注目を浴びている。これは2025年迄に団塊世代の約800万人が75歳を迎え、国民の5人に1人、約2,200万人が後期高齢者になるという超高齢化社会の到来を指す。この問題は、要介護者の増加という側面から捉えられることが多く、介護される側へのサポートは充実してきたが、一方で介護する側への支援が十分ではないと感じる。要介護者の増加はすなわち「仕事と介護の両立問題」に直面する人の増加を意味する。
>
> 　経済産業省によれば、ビジネスケアラー（仕事をしながら介護を担う従業員）は2030年に438万人[※2]に達するとの試算もあり、多くの企業が介護離職対策を迫られることになる。出産・育児に比べて介護はいつ発生するか予測がつかないライフイベントであるため、それにより企業の業績が左右されないマネジメントが必要である。企業経営者におかれては、大切な従業員に健康で長く活躍いただける環境を構築すべく、介護休暇や介護休業に関する制度整備、従業員の実態把握、メンタルヘルスなどへの取り組みについて、今一度、深く考えていただきたいと考える。
>
> 　また、健康経営は正に「ヒト」にフォーカスした取り組みであり、従業員の健康保持・増進が将来的に企業の収益性を高めるとの視点に立った経営戦略である。これを通じて、優秀な人材の確保や離職防止、エンゲージメント向上や組織の活性化などが期待される。現代では、ヒト・モノ・カネの各視点から企業の持続的成長に向けた取り組みを行うことが肝要であると言われているが、中でも「ヒト」（人的資本）の流出対策の優先度は高まっているのではないだろうか。
>
> ※1　「健康経営®」は、NPO法人健康経営研究会の登録商標です。
> ※2　ビジネスケアラーを「有業者全体（仕事は従な者を含む）」と定義した場合。「仕事が主な者」と定義した場合は318万人と推計される。

3.3.2. 地域福祉への自発的な貢献

　企業はその地域に立地することで、労働力の提供、社会インフラの利用など、さまざまな恩恵を受けています。地域包括ケアシステムの一翼を担う主体として、地域福祉の増進に資する自発的な貢献が望まれます。

　例えば、店舗スタッフや配達員、販売員が、日常的な地域の顧客とのやりとりの中で異常を察知した際に、ご家族や地域包括ケアセンターなどと情報を共有することが挙げられるでしょう。このようなインフォーマルな活動は、公的な制度では手が届きにくい部分を補完する、重要なネットワークの一部として機能しています。また、介護予防のための地域の取り組みや、認知症カフェなどの企画・施設への協賛・出資など、地域貢献の方法は多岐にわたります。

　地域あっての企業です。企業の社会的責任（CSR）の視点はもとより、SDGsの目標達成の視点から、また地域への恩返しという視点からも、地域を幸せにするための活動に期待しています。

3.4. 介護サービス事業者への提言

　日本の介護業界は、かつてないほど厳しい経営環境に直面しています。少子高齢化による介護人材不足（ヒトの制約）や、介護報酬の伸び悩みと人件費や物件費などの運営コストの上昇（カネの制約）の板挟みで、事業の存続が危ぶまれるケースも増えています。日本の労働力人口は今後も減少が続くと見込まれていますし、2024年の介護報酬改定は全体で+1.59%（うち介護職員の処遇改善+0.98%）となったものの、国の厳しい財政運営を考慮すると将来的にプラスを維持していくことは困難と予想されます。環境の変化への対応が急務です。

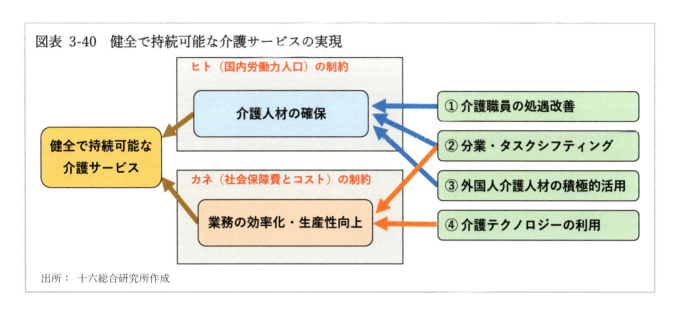

図表 3-40　健全で持続可能な介護サービスの実現

出所：十六総合研究所作成

　厳しい経営環境の中、健全で持続可能な介護サービスを実現するためには、「介護人材の確保」と「業務の効率化・生産性向上」の両方を推進することが大切です。そのためには、①介護職員の処遇改善、②分業・タスクシフティング[※1]、③外国人介護人材の積極的活用、④介護テクノロジー[※2]の利用に取り組み、優秀な人材と安定的な経営基盤を確保していくことが求められます【図表3-40】。

※1　介護業務を、高度な専門性を要する業務と誰もが担える「周辺業務」に仕分けし（分業）、後者を未経験者や資格を持たない人材などへ移管することを意味します。
※2　介護現場のさまざまな課題解決につながる最新技術のことであり、デジタル技術やICT、センサー、介護ロボットなどを意味します。

3.4.1. 介護職員の処遇改善

　介護業界における人材の確保と定着は、今日最も重要な経営課題の一つであり、処遇改善を進め、可能な限り離職を防ぐことが重要です。これまでは緩やかな増加傾向が続いてきた介護職員数は、2023年10月時点で約212.6万人となり、前年と比べ2.9万人減少しました（1.1.3.参照）。各業界で賃上げの動きが広がる中、いっそうの処遇改善を進めなければ、介護事業所・施設からの人材流出が懸念されます。

　令和5年度介護労働実態調査結果※によれば、介護従事者が仕事を辞めた理由は「職場の人間関係に問題があったため」が34.3%で最も多く、続いて「法人や施設・事業所の理念や運営のあり方に不満があったため」の26.3%、「他に良い仕事・職場があったため」の19.9%、「収入が少なかったため」の16.6%の順となりました。人間関係や組織運営のあり方に対する不満、そして仕事内容や給与水準に対する不満な

どが主な理由になっています【図表3-41】。

※ 本調査は、離職した後も介護職を続けている人を対象としています。

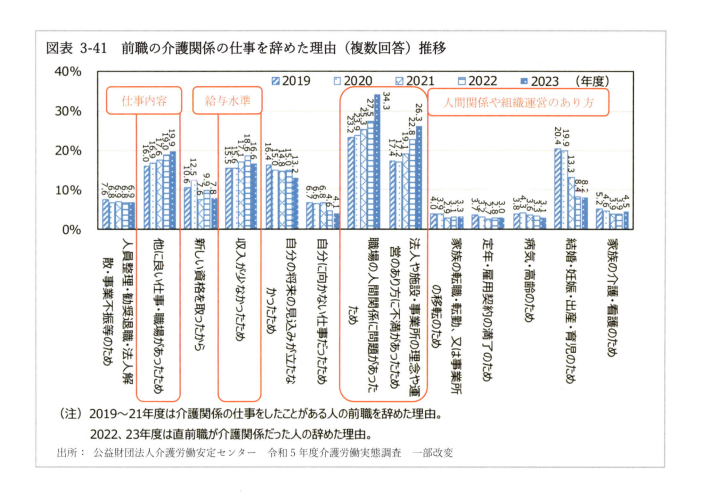

■人間関係や組織運営のあり方

同アンケートで、離職理由の上位を占めた人間関係や組織運営のあり方については、前者では「上司の思いやりのない言動、きつい指導、パワハラ」や「上司の管理能力が低い、業務指示が不明確、リーダーシップがなく信頼できなかった」、「同僚の言動（きつい言い方・悪口・嫌み・嫌がらせなど）でストレスがあった」など上司や同僚に対する不満が、後者では、「経営の効率性やリスクを過度に重視しているため、介護の質の向上の取り組みが二の次になっていた」や「介護の質の向上の手法・方向性が自分の理想とは異なっていた」、「無駄な業務が多く職員の業務量負担への配慮が弱かった」など、自分が理想と考える働き方が職場において実現できない不満が大きな理由となっています。これらは「組織の風通しの悪さ」に端を発するものと言えます。

　風通しの良い社風を創造するためには、経営者や管理者層が、従業員の心理的安全性（自分の考えや気持ちを誰にでも安心して表現できる状態）を維持できるよう努めていくことが重要です。上司から、形式的に「困っているか？」と聞かれ、「困っている」と素直に答えることができる従業員ばかりではありません。従業員の真の声に耳を傾けるために、施設長や上司から積極的にコミュニケーションを取り、心理的障害を取り払うことが重要です。従業員が忖度することなく、率直に意見を述べられる環境と、それを経営にフィードバックできる仕組み、失敗を恐れずに何でもチャレンジできる社風、こうした生き生きとした雰囲気を感じられる職場では離職も減り、新規の人材も集まりやすくなると考えられます。

■仕事内容や給与水準

　仕事内容や給与水準の低さも離職の主な理由となっています。これらについては、後述する業務効率化の取り組み（分業・タスクシフティング、介護テクノロジーの利用）が、状況の改善をもたらすことが期待されます。職場全体で効率化に取り組み、そこで得られる成果を従業員に還元していきましょう。介護職員等処遇改善加算など、従業員の賃金アップや職場環境の改善を実現するための支援制度を利用できるよう、組織体制を整えていくことも大切です。

　毎日忙しく、同じ業務をこなすだけでは自己評価が低くなりがちで、将来の自分の姿が描けず、介護職を辞めてしまう人もいます。人材の定着には明確なキャリアパスの提示が有効です。（昇給を伴う）将来のリーダーや幹部候補になる道を示すことで、従業員のモチベーションは向上します。体系的な研修制度と公正な評価システムを確立し、適切に運用していく必要があります。

　また、介護職員が自身を客観的に捉える機会をつくることもモチベーションの向上につながります。今年の４月１日から介護離職防止のための雇用環境整備が義務化され、事業所は研修の実施や相談窓口の設置などを行います（3.3.1.参照）。介護職員がそのような場に出向くことで、自分の仕事がどれほど利用者やご家族に貢献しているかを認識し、その役割や価値を再発見することもあります。

　働きやすい職場環境の実現のためには、ハラスメント対策も重要です。介護業界は、福祉という仕事の性質上、高齢者の尊厳をできる限り守ろうとするあまり、特に認知症のケースなどでは、要介護者やその家族の無理な要求、理不尽な暴言等に対して介護職員が我慢してしまうケースがあります。しかし、介護職員の尊厳は当然守られるべきです。現場任せにするのではなく、経営者や管理者が積極的に関与し、ハラスメントを許さないという断固とした姿勢を示し、従業員を守っていく必要があります。それは、長期的には介護サービスの質を維持し、職場の持続可能性を高めることにつながります。

　介護事業者に求められるのは、従業員をコストではなく最も重要な経営資源として尊重し、守り育てていく姿勢です。明確なキャリアパスの提示、人材育成への投資、公正な人事評価、役割と責任に見合った賃金の支給、そして何よりも従業員に対する人間的な尊重。こうした処遇の改善が、人材確保と定着のカギになると考えます。

3.4.2. 分業とタスクシフティングの推進

　人手不足に対応するためには、これまで介護スタッフとしては、あまり雇用してこなかった人材の活用が考えられます。専門の資格や介護に関する知識を持たない人材を、どうすれば戦力化できるかが課題となります。

　そのカギを握るのが「分業」と「タスクシフティング」です。これは介護業務を、高度な専門性を要する業務と、掃除、配膳、見守りなど誰もが担える「周辺業務」に仕分けし（分業）、後者を未経験者や資格を持たない人材、例えば高齢者、障がい者、軽度の認知症の方、育児・介護中の方、在宅勤務やダブルワークを希望する方などへ移管（タスクシフティング）していく戦略です。この周辺業務を担う新たな職種が「介護助手」※です。

　介護助手としてならば、資格がない、身体に触れることに抵抗がある、体力的な制約がある、子育て中である、特定の曜日・時間帯のみ働きたいなど、多様な属性や働き方のニーズを持つ人材が介護現場で活

躍できるようになり、従来は雇用の対象ではなかった層を戦力化できます。介護助手の採用により、有資格の介護福祉士などは、より高度で専門性の高い業務に注力できるようになるため、介護サービスの質と業務効率の向上が期待できます。介護助手と同様の位置づけにあるのが、病院などで導入されている「医療クラーク」であり、書類作成など医師が従来行っていた業務の一部を担うことで、医師が本来の診療業務に専念できるという大きな効果が報告されています。分業とタスクシフティングを推進する上では、専門的な知識がなくても、誰もが安全かつ効率的に周辺業務を遂行できる職場環境が必須です。

※ 介護助手という呼称は地域により異なり、岐阜県の場合は「ケアパートナー」と呼ばれます。

　令和4年度介護労働実態調査によれば、介護職全体の平均年齢は50.0歳、訪問介護員（ヘルパー）においては54.7歳で60歳以上の割合が3割を超えるなど、介護職の高齢化は深刻な問題となっています【図表 3-42】。若手人材を増やすことが困難な中で、増大する介護需要に対応するためには、ベテランスタッフの継続雇用が重要です。しかし、加齢に伴う体力の低下や労災リスクも無視できません。定年後も介護助手として働く道が用意されていれば、経験とスキルある優秀な人材を引き続き雇用していくことが可能です。

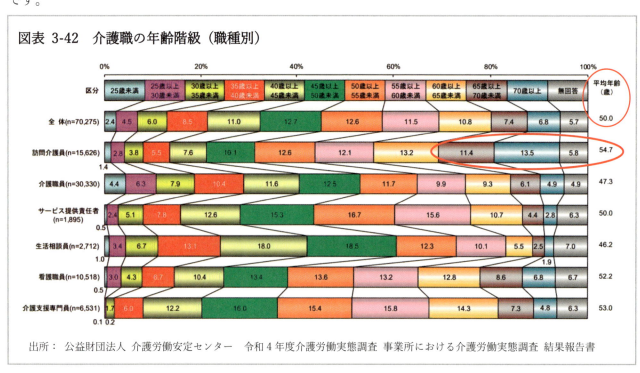

図表 3-42　介護職の年齢階級（職種別）

出所： 公益財団法人 介護労働安定センター　令和4年度介護労働実態調査 事業所における介護労働実態調査 結果報告書

　分業のために業務の仕分けを行う過程で、業務プロセスの無駄やムラが明らかになります。また、タスクシフティングにより、真に必要な業務が最適な人材に再配分されることから、分業とタスクシフティングには、業務の効率化と生産性向上を促進する効果も期待されます。一方で、小規模事業所では、かえって業務が非効率になる可能性もあるため、全体のメリット・デメリットを総合的に評価した上で導入を判断する必要があります。

　多くの施設が「何でもできる優秀なスタッフ」の確保を目指していますが、そのような人材の採用は年々困難になっていくことは間違いありません。個々の強みを活かした役割分担と多様な働き方の尊重により、健全で持続可能な介護サービスの提供体制を構築・継続していくことが求められます。

3.4.3. 外国人介護人材の積極的活用

　少子高齢化で生産年齢人口が急速に減少する中、介護人材の不足は年々深刻化しており、外国人介護人材を単なる「一時的な労働力」ではなく、日本の介護を支える上で不可欠な「永続的な戦力」と位置づけるべき時代を迎えています。

　現在、日本の介護現場で働く外国人材のビザには、EPA（経済連携協定）、技能実習生、特定技能、在留資格「介護」の4種類があります。

ビザの種類	特徴
EPA（経済連携協定）	日本と相手国間の経済的な連携を目的とした協定。インドネシア、フィリピン、ベトナムからの看護師・介護福祉士候補者を受け入れる仕組み。介護の場合、4年間の滞在中に国家試験に合格することを目標に就労・研修し、資格取得後は看護師・介護福祉士として、在留期間の更新回数に制限なく、滞在・就労が可能となる。
技能実習生	外国人技能実習制度は、国際貢献のため、開発途上国等の外国人を日本で一定期間（最長5年間）に限り受け入れ、OJTを通じて技能を移転する制度で、1993年に創設され、2017年には対象職種に「介護」が追加された。農業、工業、建設など幅広い分野で受け入れが進んでおり、介護については日本語能力要件が求められる。日本国内の働き手不足から労働力確保を目的とする傾向が強まり、一部では低賃金、劣悪な労働環境が問題となっている。
特定技能	深刻な人手不足分野での外国人材確保を目的とした在留資格。2019年に施行され、介護を含む16分野で導入。相当程度の技能と日本語能力が求められる。特定技能1号の在留期間は通算5年であり、水準の共通性が確認されている業務区分間においては転職が可能である。期間中に介護福祉士国家資格を取得すると在留資格「介護」に移行し、さらに長期間の就労が可能になる。
在留資格「介護」	日本の介護福祉士養成施設を卒業して介護福祉士国家資格を取得した留学生が、国内で介護福祉士として就労できる在留資格で2017年から施行された。2020年からは、実務経験を経て介護福祉士国家資格を取得した人も対象。家族帯同が可能で、永住権取得への道も開かれている。

　2024年6月に、技能実習制度を育成就労制度へ移行することを定めた改正出入国管理法などが国会で可決・成立し、2027年までに施行される予定です。技能実習制度は、「技能移転による国際貢献」を掲げながら、実質的には低賃金で働く労働者確保の側面が強いことが指摘されてきました。新たな育成就労制度は、「人材の確保」を目的とし、3年間で外国人材を計画的に育成し、特定技能への移行を目指します。最大の変更点は転職の自由化であり、技能実習制度では、研修という性格から転職が制限されていましたが、育成就労制度では、一定期間の勤務実績と所定の要件を充たすことで、他の介護事業所などへの転籍が可能になります。育成就労制度の下では、介護事業者は同制度を利用する外国人介護人材からの「選別」を受けることになり、職場としての魅力に欠ける事業所からは、外国人介護人材が流出する可能性があります。

　外国人介護人材の確保・定着のためには外国人が安心して働き、充実した生活を送れる環境の整備が非常に重要となります。岐阜県の委託により、中部学院大学が岐阜県内の介護現場で働く外国人148人を対象に実施した調査では、「仕事面」では専門用語や利用者の気持ちを理解することが難しいこと【図表 3-

43】、「日常生活」では、生活費の高さや、法律や税金に関すること、外国人差別、交通の不便、文化や風習の相違などで困っている人が多いという結果となりました【図表 3-44】。日本で働き生活することに、やりがいや喜び、快適さを感じてもらうためには、外国人介護人材に寄り添った支援体制の構築が重要であり、以下のような点に配慮が必要です。

- 介護福祉士などの資格取得や在留資格更新を見越したキャリアパス構築支援
- 日本語教育の充実
- 相談体制の充実（母国語での相談）
- ハラスメント防止など権利保護
- 宗教面・食生活面など、文化的な配慮や相互理解の促進
- 同居家族への配慮、病気・出産・育児などのライフイベントへの対応
- 母国への一時帰国のための配慮

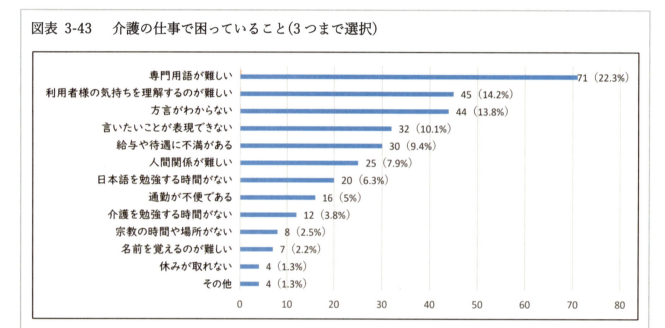

図表 3-43　介護の仕事で困っていること（3つまで選択）

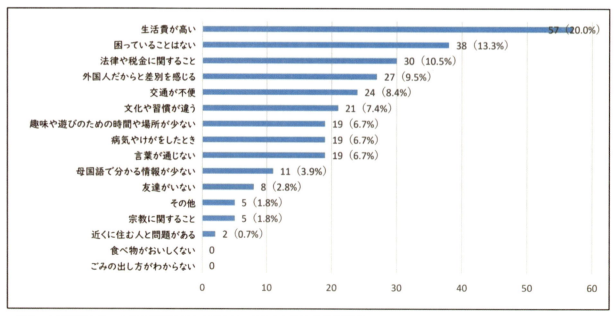

図表 3-44　日常生活で困っていること（3つまで選択）

出所：中部学院大学　令和6年度外国人介護人材の受入れに関する実態調査

現在、外国人の訪問介護従事者は、在留資格「介護」とEPAで入国した人のうち介護福祉士の資格を持つ人に限られていますが、早ければ2025年度中にも、特定技能や技能実習生、EPAに基づく介護福祉士候補者にも解禁される予定です。ヘルパーは最も高齢化が進み採用も困難になってきている職種であり、外国人介護人材がヘルパー業務に就けることは、人手不足を一定程度緩和できる点で大いに期待されます。

訪問介護では、各家庭の生活実態に応じた1対1の柔軟な対応が必要なため、日本語能力や文化的な理解が十分でないと介護やコミュニケーションに支障をきたします。介護事業者には、外国人介護人材が訪問介護業務に慣れるまでは日本人職員が同行しフォロー・指導する、またトラブルや緊急事態の発生時には即応できる態勢を整えるといった配慮が求められます。

外国人介護人材の採用は大手事業者を中心に広がりを見せていますが、中小事業者にとっては、採用・育成にかかるコストや受け入れノウハウの不足が大きな問題となっています。しかし、今後日本人の介護人材の採用はますます難しくなっていきます。外国人介護人材の育成には、ビザ取得から教育、育成まで少なくとも1〜2年の期間を要することを考えれば、できる限り早い段階で外国人介護人材の受け入れに踏み切り、ノウハウを蓄積していくことは、将来への有効な投資と言えます。

健全で持続可能な介護サービスの実現のためにも、外国人介護人材を単なる人手不足の穴埋めではなく、日本の介護の未来を共に創る仲間として積極的に迎え入れ、多様性を尊重しつつ互いに切磋琢磨することで、介護サービスの質の向上を実現していくべきと考えます。

3.4.4. 介護テクノロジーの利用

　介護現場の効率化・生産性向上を図る手段として、介護テクノロジーへの期待が高まっています。介護テクノロジーの活用例として、スマートフォンを活用した記録・入力の省力化、インカムを活用したコミュニケーションの効率化、移乗支援機器を活用した従事者の負担軽減、センサーを活用した見守りや、同じくセンサーを活用した排泄予測による省力化・ケアの質向上、情報の収集・蓄積・活用の円滑化によるケアの質向上などが挙げられます【図表3-45】。

図表 3-45　介護分野におけるテクノロジーの活用例

出所：厚生労働省　「2040年に向けたサービス提供体制等のあり方」検討会（第1回）2025年1月9日　資料3

　厚生労働省および経済産業省は「ロボット技術の介護利用における重点分野」を定め、介護ロボットやICT等のテクノロジーを活用した介護サービスの質の向上、職員の負担軽減、高齢者等の自立支援による生活の質の維持・向上に資する取り組みを推進するため、介護ロボット等の開発・導入を支援してきました。2024年6月には、同重点分野の改訂を行うとともに、名称を「介護テクノロジー利用の重点分野」に変更し、いっそうの推進を図っていますが、現実はまだ道半ばです。

　図表3-46は介護テクノロジー利用の重点分野を一覧にしたもので、それぞれ対応する業務とともに、現在の普及率を表しています。これによれば、最も普及が進む「見守り・コミュニケーション」のためのセンサー・外部通信機能を備えた機器システムなどでも普及率は3割にとどまります。「入浴支援」のための機器（11.2％）、「介護業務支援」で介護情報を収集・蓄積する機器システム（10.2％）、「移乗支援」のための装着型・非装着型の機器（9.7％）などの普及率は1割程度であり、これからの普及が期待されています。

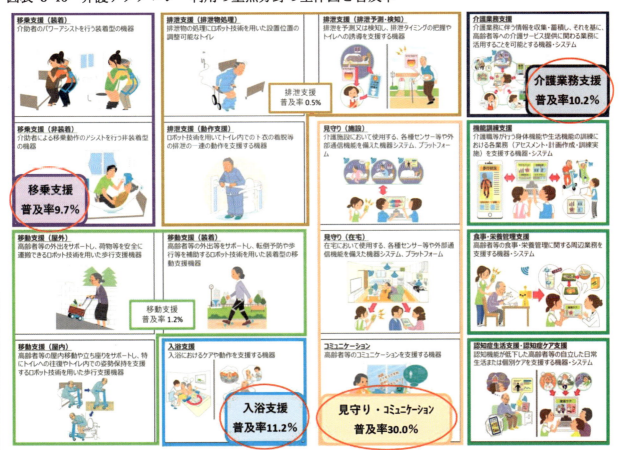

図表 3-46 介護テクノロジー利用の重点分野の全体図と普及率

出所： 厚生労働省 HP　介護テクノロジー利用の重点分野の全体図と普及率　を一部改変

　介護テクノロジー導入のメリットとして、記録、転記、定期巡回、コール対応など、機器やシステムで実施可能な業務の自動化や、機器が人の動作を補助することにより、①人でしかできないケアに充てる時間の増加や内容の充実、②人材育成のための時間の捻出、③時間外労働の削減や有給休暇の取得促進、④身体的な負担軽減などが実現し、介護の質の向上、従業員の処遇改善、生産性の向上につながると言われています。また、デジタル技術の導入は、コミュニケーションの円滑化や動画などマニュアルの充実による教育研修の効率アップ、音声入力による効率化やデータの転記がなくなることによる正確性の確保など、既存のスタッフだけでなく、外国人介護人材や高齢スタッフにとってもメリットが多いという声も聞かれます。

　一方で導入が進まない理由に、補助金を利用してもなお重い費用負担や、介護職員が比較的高齢であることに起因するデジタルや ICT への苦手意識などが挙げられます。令和 5 年度介護労働実態調査によれば、介護ロボット・ICT 機器等の導入に係る課題は「導入コストが高い」が 63.1％で最も多く、続いて「現場職員が技術的に使いこなせるか心配」の 37.7％、「投資に見合うだけの効果がない（事業規模から考えて必要ない）」の 31.6％の順となっています【図表3-47】。行政による積極的な導入支援や機器の低価格化、誰もが使いやすい機器・システムの開発、研修体系の充実などが普及のポイントとなるでしょう。事業規模が小さいと導入のメリットがないという声もありますが、今後、業務効率化が相対的に難しい小規模事業者の経営はいっそう厳しくなっていくことが予想されます。複数事業者での協働や、M&A による規模拡大なども併せて検討するのも戦略の一つと考えます。

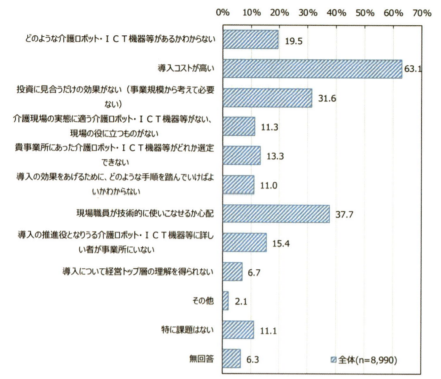

図表 3-47　介護ロボット・ICT機器等の導入のための課題（複数回答）

出所：公益財団法人介護労働安定センター　令和5年度介護労働実態調査

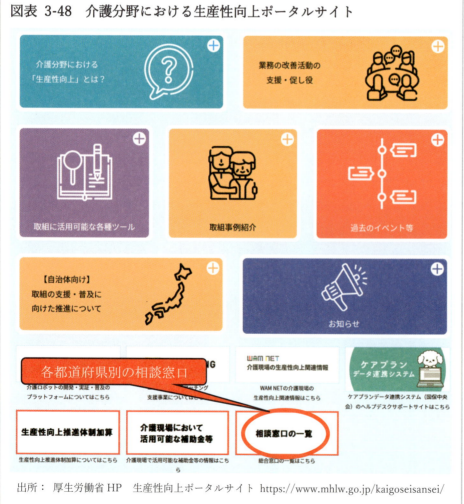

図表 3-48　介護分野における生産性向上ポータルサイト

出所：厚生労働省HP　生産性向上ポータルサイト　https://www.mhlw.go.jp/kaigoseisansei/

厚生労働省の「生産性向上ポータルサイト」では、生産性向上に関するさまざまな情報を得ることができます【図表3-48】。介護テクノロジー導入のための補助金は年々充実してきており、各都道府県にワンストップ相談窓口が設置されたことにより、導入に関する相談をしやすい環境が整ってきています。

テクノロジーは進化し続けます。AIやICT、ロボット技術の発達により、今後さらに高度な介護支援が可能になるのは間違いありません。介護テクノロジー導入による目指すべき方向性を組織全体で共有し、組織を挙げてこれに取り組み、その果実を経営者と従業員が分かち合っていく姿勢が大切です。

介護テクノロジーの利用は、もはや選択肢ではなく、介護業者が生き残るために必須な経営戦略です。目の前の人手不足に対処するというよりは、10年、20年先の自社の姿を見据えた戦略的な投資として、積極的に取り組んでいただきたいと考えます。

3.5. 公的部門（国、都道府県、市区町村）への提言

　介護サービスを必要としている人に対して、かつては「措置制度」として行政が必要性を判断してサービスの利用や内容・提供機関を決定しており、利用者に選択権はありませんでした。それが介護保険制度の開始により「契約制度」へと変わり、利用者はサービス内容を自由に選択できるようになりました。しかし、四半世紀を迎えた介護保険制度の概要やサービスは、今もなお十分には周知されておらず、その恩恵がすべての人に行き渡っているとは言い難い状況にあります。

　公的部門における重要な課題として、介護保険制度の概要など介護に関する情報のいっそうの周知を図り、仕事と介護の両立や介護予防の取り組みを促進することや、認知症に対する認識や理解を深め、誰もが社会参加できる地域を実現することなどが挙げられます。そして、介護保険サービスに必ずしも依存しなくとも、日常生活支援サービス（買い物、食事、外出など）が提供されるような地域・環境づくりも大切です。また、これらのサービスを維持するために、外国人介護人材の誘致と定着を支援することも、今後ますます重要となってくるでしょう。

　予算や人材といった社会的資源が限られる中で、誰もが満足できる状況を実現することは不可能です。介護サービスを持続可能なものとするためには、施策の機動的な見直しを継続し、「過不足のない効率的な介護」を追求していく必要があります。また、民間（住民や企業）の努力だけでは、高齢者介護に関するさまざまな課題を解決していくことは困難です。そのため、国、都道府県、市区町村には、高齢者介護の将来像を見据えながらリーダーシップを発揮し、民間の活動を支援していくことが求められます。

3.5.1. 介護に関する情報の周知と介護予防の促進

　人々が皆、介護（介護予防を含む）に関する一定以上の知識・認識を有していることが望ましい状態です。若い世代でも、突然、家族のケアラーとなる可能性がありますし、不慮の事故などで、自身が介護を受ける立場になることもあります。介護に関する知識の有無により、その後の人生が大きく左右されることもありますし、有権者として国や地方の政策決定に関わる上で、基本的な知識は必須となります。

■介護に関する情報の周知
　図表 3-49 は、介護に関する制度や仕組みなどの認知度を尋ねたものですが、全般に理解が十分に進んでいるとは言えません。また、岐阜県や名古屋市における認知度は、全国と比べてやや低い傾向が見られます。行政を中心に、介護保険制度の概要、介護が必要になった場合の行動指針、仕事と介護の両立支援制度、認知症の人への対応などの周知を促進し、介護を社会常識の一つとして定着させることが重要です。
　近年、金融教育が注目を集め、若いうちから自己の資産を適切に管理することの重要性が認識されつつありますが、介護についても同様に、国を挙げての教育・理解促進が望まれます。

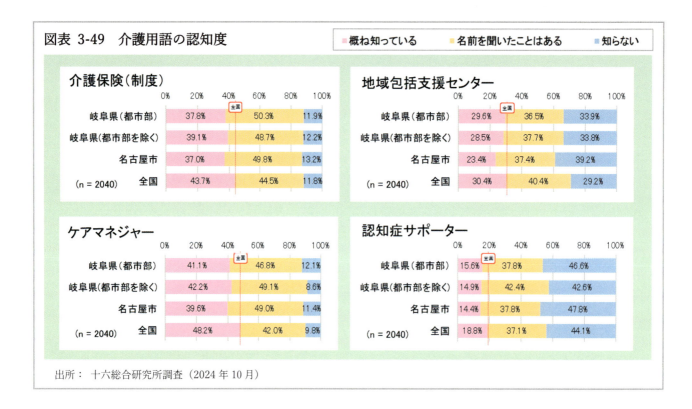

■介護予防の促進

　介護予防とは、高齢者が要介護状態や寝たきりになることを防ぐために、適度な運動、バランスの良い食事、口腔ケア、人との交流など、身体機能の低下や認知症の進行を遅らせる取り組みを意味します。また、すでに要介護の状態にある人の状況を悪化させない（できれば改善する）ための取り組みも含みます。効果的な介護予防は健康寿命を延ばすことに直結し、老後の生活の充実や、医療費や介護費用の抑制にもつながります。

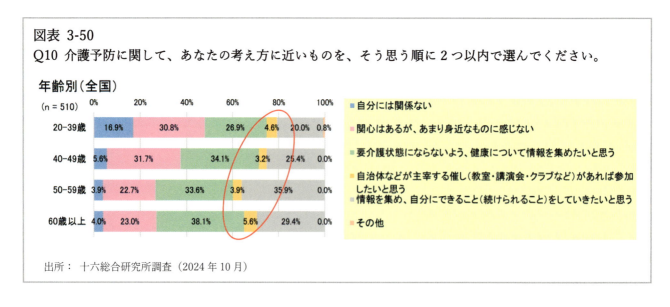

　図表3-50によれば、年齢を問わず多くの人が介護予防に関心を持っています。ただし、情報収集にとどまる人や、「自分にできること（続けられること）」を実践したいと考える人が多い一方で、「自治体などが主宰する催し」への参加を希望する人は比較的少数です。自治体による介護予防教室、講演会、勉強会、クラブのような催しは、概して優れたプログラムを提供していますが、時間的制約やアクセスの問題などがあり、参加者が限定されるという弱点があります。また、こうした催しへの参加を望まない人や、従来の手段では情報が届かない人に対して、いかに実効性の高い介護予防行動を促すかが課題です。

団塊の世代が後期高齢者となり、価値観やニーズも多様化しています。一人ひとりに最適な介護予防を、各自が主体的に実践していくことが重要です。自治体は、どのようなスタイルがその地域に住む人々の介護予防に有効か、手段や結果を検証しながら、効果的な施策を推進していく必要があります。

コラム　習慣化アプリ「みんチャレ」を活用した介護予防

　東京都府中市は、コロナ禍における新しい介護予防の取り組みとして、習慣化アプリ「みんチャレ」を活用したフレイル[※1]予防事業を展開しています[※2]。このアプリは、散歩や体操など健康や生活習慣の改善のために習慣化したいことを、5人1組のチームで励まし合いながら続けるもので、アプリを通じて同じ目標を持つ仲間とコミュニケーションをとるため、楽しく健康づくりが行えます。利用者は毎日の活動写真を投稿することで、チームメイトからの「OK」や、チーム目標達成でコインが付与され、獲得したコインは社会貢献に活用されます。

① 同じ目標の仲間同士、5人1組のチームに参加！
② 毎日の歩数をチームに写真で報告！
③ コインをためて、寄付をしよう！

※1　フレイル：加齢や病気、生活習慣などにより心身の機能が低下し、要介護状態に近づいた状態

※2　本取り組みは、「みんチャレ」の開発・運営を手がけるエーテンラボ株式会社との協働によるものです。

出所：府中市HP

コラム　電力データとAIで効果的なフレイル予防

　三重県東員町は、ひとり暮らしの高齢者を対象に、電力使用量を活用して心身機能の低下を早期発見する先進的な取り組みを実施しています※。この取り組みは、ひとり暮らしの高齢者家庭のスマートメーターが計測する30分ごとの電力使用データからAIが生活パターン（起床・就寝・外出など）を分析するもので、フレイルの兆候が見られた場合、町・地域包括支援センターの専門職員や協力企業の社員などが訪問し、生活改善についてのアドバイスを行います。特別な機器（カメラやセンサーなど）の設置は不要であり、通常の生活を送るだけで、無料でサービスを利用できます。

　開始時は若い年齢層で約4割と低かったフレイルへの認知度が、すべての年齢層で約9割まで向上し、約7割の参加者に運動や食事バランスの改善といった行動変容が見られるという効果が報告されており、介護予防の実効性を高めることが期待されます。

① スマートメーターで30分毎の電気の
② 電気の使用量をコンピュータが
③ フレイルリスクを東員町に
④ 東員町から参加者にお声がけ

※　本取り組みは、三重県東員町が、ネコリコ（東京都千代田区）およびJDSC（東京都文京区）とともに、官民連携で進めているプロジェクトです。

出所：東員町HP

3.5.2. 認知症の人もその家族も、誰もが社会参加できる地域を

　社会全体の認知症に対する認識や理解は、まだまだ十分とは言えません。認知症への偏見や差別は依然として存在し、認知症の人やその家族が、地域社会から孤立してしまうようなケースも見られます。認知症はかつて「痴呆」と呼ばれていましたが、実態を正確に表しておらず、侮蔑的な印象を与える表現であることから、2004年に厚生労働省はこれを「認知症」に改めました。しかし、ネガティブなイメージは完全に拭い去れてはいないと思われます。

　政府は2024年12月に、認知症施策推進基本計画を閣議決定しました。本計画は、同年1月に施行された認知症基本法に基づくもので、「新しい認知症観」の普及を打ち出し、国が重点的に取り組むべき4つの目標を定めています【図表 3-51】。また自治体には、本計画に沿って、認知症の人や家族の声を聞きながら推進計画を策定するよう努力義務が課せられました。

図表 3-51　新しい価値観と重点的に取り組む目標

新しい認知症観
　認知症になったら何もできなくなるのではなく、認知症になってからも、一人一人が個人としてできること・やりたいことがあり、住み慣れた地域で仲間等とつながりながら、希望を持って自分らしく暮らし続けることができるという考え方

重点的に取り組む目標
①国民一人一人が「新しい認知症観」を理解していること
②認知症の人の生活においてその意思等が尊重されていること
③認知症の人・家族等が他の人々と支え合いながら地域で安心して暮らすことができること
④国民が認知症に関する新たな知見や技術を活用できること

出所：厚生労働省　認知症施策推進基本計画

　認知症になったため家に閉じこもる、家族も介護のために外出を控えるのではなく、社会がそのような境遇の人たちを暖かく受け入れ、一緒に活動できる場所であってほしいと願います。例えば「認知症カフェ」は、認知症の人やその家族が地域住民や専門家と情報を共有し理解し合う場であり、2015年の「新オレンジプラン」（認知症施策推進総合戦略）で全市町村への設置を目指すことが示されて以来、普及が進んでいます【図表 3-52】。さまざまな人が交流を深めることができるサロンのようなイメージで、家族会、社会福祉法人、市町村、NPO法人など、運営主体はさまざまです。このような、認知症の人やその家族が社会とつながりを持ち、住み慣れた地域で生活を続けられるような取り組みを、行政の積極的な支援のもと、いっそう活性化させていくことが期待されます。

　民間だけの力で、人々の意識を変えていくことは容易ではなく、時間もかかります。国や自治体が、「新しい認知症観」を積極的に広め、それが一刻も早く日本社会の常識となるよう、そして、認知症の人やその家族がより生活しやすい社会が実現するよう、施策・支援の強化が望まれます。

図表 3-52 認知症カフェの様子

出所： 厚生労働省 「2040年に向けたサービス提供体制等のあり方」検討会（第1回）2025年1月9日 参考資料1

3.5.3. 外国人介護人材の誘致と定着

　生産年齢人口が減少する中、介護人材の確保はますます困難になることが予想されます。このため、特に若年人口の流出が進む地方では、外国人介護人材の受け入れが不可欠となるでしょう。外国人介護人材は増加傾向にあるものの、地方や小規模な事業所では受け入れのハードルが高く、自治体によるサポートが必要です。

　また、都市部での生活に魅力を感じる外国人介護人材は多いため、地方においては、その地域に来てもらい、さらに定着してもらうためのいっそうの努力が求められます。例えば、外国人介護人材に対してその地域の魅力を伝え、実際の生活をサポートすることで地域への愛着を育むとともに、日本語や資格取得のサポートも併せて行い、長期的な就労・定住につなげる活動などが挙げられます。こうした取り組みは民間だけでは難しく、地域活性化を視野に入れた自治体との連携が不可欠であり、独自の施策を展開する自治体も増えています（コラム参照）。

> **コラム**　ミャンマーの「福井クラス」
>
> 　福井県では、ミャンマーからの技能実習生を受け入れて介護人材不足に対応しています。その特徴的な取り組みが「福井クラス」と呼ばれる独自の事前研修プログラムです。このプログラムでは、ミャンマーの送出機関と連携し、来日前のミャンマー人技能実習生に対して、基本的な日本語教育や介護技術の習得に加えて、福井県の方言、地域の文化や歴史、日本食の調理方法などを学ぶ機会を提供しています。
>
> 　注目すべき点は、実践的な方言教育です。「かたいけの（元気ですか）」という挨拶や「ほや（そうです）」という同意表現、「うら（私）」「ちゅんちゅん（暑い）」「んめえ（おいしい）」といった福井弁の実用的な使い方を重点的に学習します。これらの学習は、地元アナウンサーによりオンラインを活用して行われ、現地にいながら福井県の関係者と直接交流したり、実際の介護現場を想定した会話練習を行ったりすることで、より実践的な学習が可能となっています。
>
> 　「福井クラス」の最大の特徴は、技術研修にとどまらず、地域の文化や方言まで含めた総合的な事前教育を行う点です。これにより、技能実習生たちは来日前から福井での生活や仕事をより具体的にイメージでき、着任後のギャップを最小限に抑えることができます。また、地域の特色を理解した上で来日することで、より深い地域との心理的な結びつきが生まれ、長期的な定着の促進が期待されます。
>
>
> 福井クラスの様子　　写真提供：福井県

　収入面では、すでに日本で働く魅力は以前に比べ低下しています。今後も継続して、外国人介護人材に日本を選んでもらうためには、そこが「働きたい場所」であることはもちろんですが、住み心地が良く、長期にわたる就労を希望する人も、子育てや老後も含め安心して生活できる地域であることが求められます。外国人の視点に立った住みよい地域づくりを推進する必要があります。

3.5.4. 高齢者介護サービスの持続可能性のためにイニシアチブを

　公的介護サービスは、介護保険料と税金によって支えられていますが、構造的な財政赤字により国の債務は増加の一途をたどっており、このままでは制度の維持が困難になることが懸念されます。税収の大幅な増加が期待できない現状では、何らかの調整は避けられません。

　十六総合研究所の調査では、①介護保険料など個人の費用負担を増やし「サービス水準を維持」するか、②介護サービスの水準を下げて「個人の負担を抑制」するか、③国債発行によってその両方を維持していくか、という選択肢に対して、①②③が同程度の支持を得る結果となり、民意は一様ではないことが分かりました【図表3-53】。この質問では、あえて①②③の中から一つを選択してもらいましたが、現実的には③公債にある程度依存しつつ、①と②を並行して進めていくことが妥当な選択になると考えます。

図表 3-53　今後の介護サービスに望むもの

Q7 今後、介護を受ける高齢者が増加する一方、それを支える現役世代は減少するため、現状の公的介護サービスの水準を維持していくことは難しくなることが予想されます。あなたの考え方に近いものを選んでください。

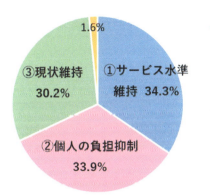

- ①【サービス水準維持】介護保険料など個人の負担が増加するのはある程度許容するので、公的介護サービスの水準を維持してほしい
- ②【個人の負担抑制】公的介護サービスの水準が低下するのはある程度許容するので、介護保険料など個人の負担はできる限り増やさないでほしい
- ③【現状維持】（国の負担増加により）国の借金が増えても構わないので、公的介護サービスの水準と、介護保険料などの水準を維持してほしい
- その他

全国（n=510）

出所： 十六総合研究所調査（2024年10月）

　介護の質を犠牲にすることなく高齢者介護サービスの持続可能性を確保するためには、人手不足に対応するための業務の効率化・生産性向上や外国人を含む介護人材の確保とともに、財政の健全性維持のために真に必要なサービスを見極め、介護サービスの水準をある程度維持しつつ費用負担の増加を抑制するという繊細な「バランスの調整」が不可欠です。社会のニーズを的確に把握し、国民や地域住民の理解を得ながら、慎重に制度の見直しを進めていくことが重要です【図表3-54】。

図表 3-54　高齢者介護サービスの持続可能性の確保

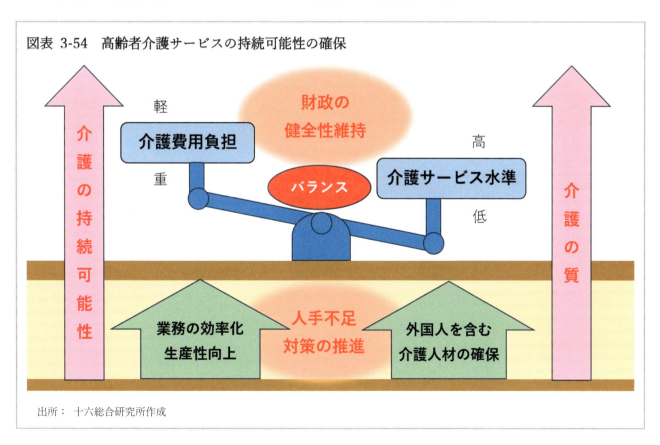

出所： 十六総合研究所作成

　第4章では、本書のアドバイザーを委嘱しております、中部学院大学人間福祉学部の飯尾良英教授へのインタビューを掲載します。

第 4 章
特別インタビュー

介護のチカラ。

特別インタビュー

INTERVIEW

これからの高齢者介護を語る

本提言書のアドバイザーを委嘱しております、中部学院大学人間福祉学部人間福祉学科の飯尾良英教授に、日本の高齢者介護の仕組みや地域包括ケアシステム、介護業界の現状と課題などについてお話をうかがいました。

◉提言書アドバイザー

**中部学院大学
人間福祉学部人間福祉学科 教授**
（人間福祉学部長、通信教育部長、地域連携推進センター所長）

飯尾 良英 先生

1973年日本福祉大学社会福祉学部卒、岐阜県社会福祉協議会（事業課長）を経て2001年岐阜大学教育学研究科修士（教育学）、2002年中部学院大学短期大学部専攻科兼社会福祉学科教授、2015年から現職。岐阜県高齢者安心計画策定・推進会議会長、岐阜県介護現場革新会議会長、岐阜県福祉人材総合支援センター運営委員会委員長、岐阜県地域福祉推進協議会委員長、岐阜県外国人介護人材対策協議会議長など多数の役職を兼務。

中部学院大学　関キャンパス

Q1 介護保険を中心とした日本の高齢者介護のシステムを、どのように評価していますか。

> 介護保険制度が、本当に必要な人に対して効果的に使われているかどうかを見直す必要があります。

●**飯尾教授**（以下、敬称略）　日本の高齢者福祉・介護のシステムは、介護保険を中心に機能しています。以前は老人福祉法に基づき、国の税金により運営されていましたが、2000年の介護保険の導入により、財源の半分を介護保険料で賄うことになりました。これに伴い、それまで家族が担ってきた介護は、社会全体が支える社会保険システムが担うことになりました。利用者は「お上の世話になる」という意識から解放され、サービスを利用しやすくなるうえ、競争原理が働きサービスの質も向上すると考えられたため、介護保険制度は歓迎されてスタートしたという経緯があります。しかし、制度開始後約四半世紀を経て、介護サービスに関するいくつかの課題が明らかになっています。

まず、誰もが自由にサービスを利用できるかという点で、情報不足や利用料の負担、地域格差といった問題があります。例えば、介護保険の制度は複雑で多岐にわたる反面、その情報が広く知られているとは言い難く、利用者が自分だけでサービスを選ぶのは困難です。また、利用料についても、食事代、部屋代、おむつ代など保険外の費用も多いため、経済的に余裕がないと制度を利用しづらいという現実があります。また、度重なる改定を経て、事業者に支払われる介護報酬の体系が複雑になっており、利用者がサービスの内容や費用について理解しづらいことも問題です。加えて、地域によってサービスの質や提供状況に格差があり、特に山間地域ではヘルパーが不足しているという問題があります。遠方の利用者宅までヘルパーが通うための交通費は、事業者やヘルパー個人の負担になってしまうことがその一因です。

そして、私が一番の問題だと考えているのは、介護予防のための費用が介護保険の財源から転用されているということです。従来、介護予防は高齢者健康福祉事業として公費で賄われてきましたが、介護予防給付の創設により介護保険の中で賄われるようになりました。制度開始後、高齢者人口の増加と制度の普及によって利用者が拡大し、介護保険の財政が厳しくなり、多くの自治体で保険料の値上げが相次ぎました。介護保険料は、介護保険制度導入当初に比べると既に2倍ほどの水準になっています。介護予防は、主に高齢者が要介護の状態になることを防ぐための活動なのですが、高齢者の集いとか、認知症予防教室とか、そういった画一的な施策では、価値観や生活スタイルが多様化した現代の高齢者のニーズを必ずしも捉えているとは言えない部分があると思います。介護保険制度が、本当に必要な人に対して効果的に使われているかどうかを見直す必要があります。

第4章　特別インタビュー

131

Q2 2025年が地域包括ケアシステム構築の目標年ですが、現在の状況をどう考えますか。

現状では、地域包括ケアの理想の実現には、まだ至っていません。

●飯尾　現状では、地域包括ケアの理想の実現には、まだ至っていません。まず一つの大きな課題は行政のリーダーシップの向上です。行政がどのようにシステムを構築していくのか、しっかりとしたビジョンと指導力が必要です。

介護の問題は、貧困の問題であったり、子どもの問題であったり、また、8050問題※など家庭内のいろいろな問題をはらんでいることも多く、そういった問題が複合的、重層的に存在すると、縦割り行政では対処が難しいです。これらをワンストップで対応していく体制を重層的支援体制と言うのですが、行政の積極的な取組みが不足している部分もあり、重層的支援体制が、まだ十分に整っているとはいえません。特に小規模な自治体では対応が遅れているのが現実です。

中には人口の少ない町村のように、役所内での連携がしっかりと取れているため、わざわざ重層的支援体制を構築する必要はないと考えられる場合もあります。しかし、先述したように、介護や子どもなどの様々な生活課題が複合的に生じてきますので、地域包括支援センターや障がい者のための基幹相談支援センター、子育て支援センターなど、さまざまな専門職や機関が意識を持って連携する重層的支援体制を整えることが重要です。例えば、岐阜市や関市、高山市などでは総合相談窓口を設置し、子どもの問題から介護の問題までワンストップで対応する取組みが行われています。このように先進的な取組みを行っている自治体もありますが、すべての地域でこのような取組みが進んでいるわけではありません。全国的に見ればまだ不十分な部分が多く、今後さらなる改善が求められます。

また、現場レベルでは医療と介護の連携が不十分です。介護側より医療側の発言力が強く、対等な話し合いが難しいという地域もあります。それでは、医療・福祉・介護が、それぞれの専門性や特色を生かして連携するという環境が整わないため、理想的な地域包括ケアの実現が遠のいてしまいます。これらの専門職が自由に話し合い、ONE TEAMとなる必要があります。

※8050問題とは、80代の高齢の親と働いていない独身の50代の子が同居する世帯が直面する生活上の問題を指します。その背景には、家族や本人の健康問題、親の介護、離職（リストラ）、経済的困窮、人間関係の希薄化（孤立）など複合的な問題を抱え、地域社会とのつながりが絶たれた社会的孤立の実態があります。近年では親子がさらに高齢化し、「9060問題」として状況がいっそう深刻化する傾向が見られます。

特別インタビュー
介護のチカラ。これからの高齢者介護を語る

第4章 特別インタビュー

Q3 自治体は、介護人材不足や介護予算不足の問題にはどう対処していけばよいでしょうか。

介護保険の導入から約25年が経過した今、介護保険の使命や在り方を考え直す時期に来ていると思います。

●飯尾　外国人も日本の若者も、やはり東京や大阪のような都会に住んで働きたいと思っている人が多いです。都会は生活が華やかで、便利で、賃金も高いですから、地方の町や村にはなかなか来てくれません。岐阜県の場合、特に山間部に介護人材を誘致するのはなかなか難しいです。介護人材の誘致は、事業者の努力でできることが限られており、自治体が積極的に取り組まないと無理だと思います。どの地域も、移住・定住を増やす努力をしているため、介護人材の確保をその一環として取り入れ、地域の産業振興という視点も併せて推進していくと良いと思います。

2040年頃には団塊ジュニア世代が65歳を迎え、総人口に占める高齢者の割合が過去最大となります。一方で、それを支える現役世代は減少していくため、幅広い人材を活用していく必要があります。多様な人材を活用するために、介護業務を、専門職でないとできない業務と、資格がなくてもできる業務に仕分けし、外国人、学生、高齢者、障がい者、パート労務者など、それぞれができる業務を担当してもらおうという動きがありますが、介護人材確保という点で有効な取組みだと思います。

また、NPOやボランティア、地域の方々に、介護業務の一部を担ってもらうことも有効です。ただし、善意だけでは継続的なサービスの提供は難しいので、ある程度の報酬を前提とした、新しい仕組みを作る必要があると考えます。

介護予算不足は、一部の自治体だけではなく、県や国も含めた全体の問題だと思います。私は介護保険の導入から約25年が経過した今、介護保険の使命や在り方を考え直す時期に来ていると思います。制度を持続可能なものとしていくためにも、介護予防を介護保険から切り離し、本当に介護が必要な人だけに給付を絞る思い切った改革を考えてみてはどうでしょうか。介護保険の予算はどんどん大きくなってきましたが、その中には無駄なものも多いので、一度棚卸しを行うべきだと思います。

Q4 テクノロジーと外国人材活用の推進について、先生のお考えをお聞かせください。

> 生産性向上を考えるうえで、一番大切なのは質の高い人材であり、これをどう養成するかがとても重要です。

●飯尾　財源不足と介護人材不足を乗り切るためには、テクノロジーと外国人材の活用が不可欠です。各都道府県では、「介護現場革新会議」や「介護生産性向上総合相談センター（ワンストップ窓口）」が立ち上がり、ICTや介護ロボットの導入を後押ししています。

テクノロジーの活用については、都道府県の補助金を活用して、スマートフォンやセンサーを使ったシステムを導入する事例が増えています。例えば、岐阜県美濃加茂市のある老人ホームでは、利用者の脈拍や状態をスマートフォンで管理するシステムを導入しています。しかし、これには多額の費用がかかり、県の補助金だけでは不十分です。小規模な介護サービス事業所では、こうしたシステムを導入するための資金が不足しており、普及が進んでいません。財政的な支援がもっと必要です。また、せっかく高額なシステムを導入しても、日進月歩で技術が進化するなかですぐに陳腐化してしまい、投資が無駄になるリスクもあります。

私は、各事業所が取り組んだことを共有する場が大事だと思います。例えば、このシステムを導入したらこういうメリットがあったとか、ITやAIを利用したらこんなことができた、こんなケースでは上手くいかなかった、そういった情報を事業者同士で共有できれば、全体で経験値が蓄積されていくからです。

外国人材の活用については、私たち中部学院大学では、外国人材の活用に協力し、地域に広めていくための取組みを積極的に行っています。日本へ来る外国人は、借金

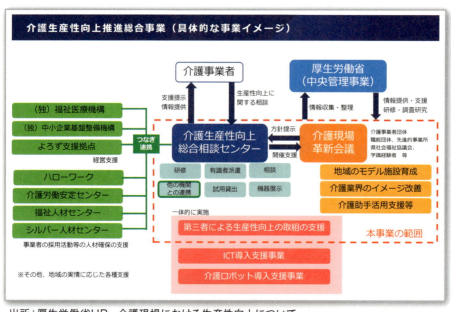

出所：厚生労働省HP　介護現場における生産性向上について

特別インタビュー
これからの高齢者介護を語る

をして日本語や介護の研修を受ける場合が多く、借金返済が大きな負担となっていると聞きます。日本の事業者もエージェントに紹介料を支払い、管理費も毎月かかるため、外国人材の確保には高額な費用が必要となります。

また、小規模な介護サービス事業所も多いため、それぞれの努力で外国人材を確保していくには限界があります。自治体が、これを事業者の課題ではなく地域の課題として捉え、介護人材確保のための仕組みを地域ぐるみで作っていくことが求められます。例えば、地域の事業所と協力して、現地や国内での教育、キャリアアップのためのプログラム、待遇や処遇などを共通化し、受け入れ環境を整えて外国人材を雇用する仕組みなどが必要と考えます。そうした取組みを始めている自治体は少数ながらありますが、岐阜県の中にはありません。自治体主導で外国人材を誘致するモデルケースが出来るとよいと思っています。

生産性を向上させるうえでは、人材育成がやはり大切です。どんな会社でもそうだと思いますが、いくら良い設備を入れても、良い従業員がいないとだめです。生産性向上を考えるうえで、一番大切なのは質の高い人材であり、これをどう養成するかがとても重要です。社内研修のような人材を育てる仕組みを、それぞれの事業所がしっかりと回していく必要があります。岐阜県には福祉人材総合支援センターがあり、集合研修なども行っています。しかし、人手不足のため、その研修会に参加する余裕すらないという事業所があるのも現実です。

飯尾教授（左）と十六総合研究所取締役社長の佐竹（右）

Q5 認知症の予防や、認知症の方の介護について、どのように対応していくべきでしょうか。

認知症の介護は、医療だけではなく、地域全体、チームで支えることが重要です。

●飯尾　認知症の予防として、自治体は高齢者の生きがいや孤立防止のための取組みを行っていますが、十分とは言えません。また、認知症の介護者を支える取組みがもっと必要で、介護者の勤務先や地域の支援が重要です。

認知症予防のための活動は、行政にとって非常に重要です。具体的には、認知症予防教室や高齢者の集いなどの取組みがありますが、実際に参加する人は限られています。高齢者の中にはこうした場所に行くことを嫌がる人もいるため、団塊世代の高齢者のニーズに合った実効的な施策が求められます。

認知症は、介護する家族の負担も大きいため、家族介護者を支えるための取組みも重要です。介護離職を防ぐためにも、会社や地域が協力して、社内研修などを通じて、介護者が利用できる制度などの情報提供を行うことが必要です。

認知症の介護は、医療だけではなく、地域全体、チームで支えることが重要なのですが、なかなか情報共有が進まないという話も聞きます。各自治体に設置された、認知症初期集中支援チームの活躍が期待されます。

Q6 高齢化の先頭を走る日本は、自ら手本となることで世界に貢献できるでしょうか。

ベトナム語の介護テキストを作成し、現地で普及させています。

●飯尾　日本は早くから高齢化が進んでおり、その経験を活かして世界に貢献できると思います。例えば、私はこの10年ほどベトナムで日本の介護を伝える活動をしてきました。ベトナム語の介護テキストを作成し、現地で普及させています。このように、日本の経験を参考にして、各国が自国の事情に合わせてアレンジすることが重要です。今月もベトナムからダナン市の保健局長など3名を招き、県内の介護施設やなごや福祉用具プラザ、東京都健康長寿医療センター等を案内して、日本の高齢社会への取り組みについて学んでもらいました。東南アジアはこれから高齢化が進むので、日本の果たす役割は大きいと思います。特に、東南アジアでは家族介護の習慣が残っていることから、日本の在宅福祉の施策や活動が参考になるのではないかと思っています。

特別インタビュー
介護のチカラ。これからの高齢者介護を語る

第4章 特別インタビュー

ベトナム（ダナン市）における日本の介護を伝える活動　（写真提供：飯尾良英教授）
（左）「認知症の予防とケア」国際セミナーでの講演
（右）グハンソン地区病院での老年ケアについて意見交換

Q7 長く介護教育に携わった経験から、今のお気持ちや、次世代への期待などについてお聞かせください。

> 介護職を、若者が夢を持って働くことができる魅力のある職業にすることが私たちの務めです。

●**飯尾**　私は福祉大学で学び、地域福祉の職場に就き、今は介護・福祉専門職養成に携わっています。岐阜で生まれ、岐阜で育ち、地域の福祉に貢献したいという思いからこの仕事を選びました。

現在、私が勤務する短大と四大で介護福祉士・社会福祉士を養成する課程がありますが、日本の高校生が少なくなりました。その代わり多くなっているのが若い外国人留学生です。留学生は夢をもって明るく一生懸命に日本の介護福祉を学んでいます。素晴らしい若者たちです。私は次世代を担う日本の若い人たちにも、ひとりでも多くの人が介護の仕事に興味を持ち、それを学び、質の高い介護者として活躍してほしいと願っています。また、介護職を、若者が夢を持って働くことができる魅力のある職業にすることが私たちの務めです。

介護の力は素晴らしいです。良い介護をすることで、高齢者の日常生活が大きく変わります。それくらい、介護の仕事は非常に専門性が高く、高齢者の生活の質の向上に大きく貢献できます。大変な部分もありますが、その分やりがいも大きく、社会に貢献できる魅力的な仕事です。

聞き手：
佐竹 達比古（十六総合研究所 取締役社長）
（インタビュー実施日：2024年10月10日）

137

おわりに

　本書の執筆を終えて、改めて高齢者介護の現状と課題、そして将来について思いを巡らせています。私の感じたことを三つ、ここで述べたいと思います。

　一つ目、私たちは今まで以上に高齢者介護を「自分ごと」として捉え、関心を持ち、認識を深めていかなければなりません。十六総合研究所が実施したアンケートでは、介護に関する制度や仕組みの認知度は総じて高くはないという結果となり、介護保険制度が始まって四半世紀が経過した今でも、多くの人々が介護に関する知識を十分に持ち合わせていないことが分かりました。このため、望まぬ介護離職を迫られたり、経済的に困窮し不幸せな介護生活を強いられたりする人々が存在します。介護保険の導入により、介護は家族で担う時代から社会で担う時代へと変化したにもかかわらず、その恩恵を十分に受けられていない人は少なくありません。大半の人は、いつかは介護のお世話になります。私たち一人ひとりが、より積極的に介護に関する情報を集めていくことが大切です。

　要介護者を社会全体で支えていく地域包括ケアシステムの仕組みの周知や、家庭での介護や介護予防に有益な情報の周知などを、国や自治体はより積極的に行っていただきたいと考えます。企業も従業員に介護に関する各種施策を周知するとともに、仕事と介護の両立支援にいっそう注力していただきたいと思います。働きたい人が介護離職せずに働き続けられる、仕事と介護を両立できる環境は、要介護者やケアラーの生活満足度を向上させると同時に、企業の競争力や国の経済力の維持・向上にも寄与します。

　また、高齢者介護について関心を持ち、認識を深めていくべきもう一つの理由は、「私たち」は、将来の日本の姿をイメージしながら、あるべき「これからの高齢者介護」のあり方を「自ら」決めていく主人公であるからです。少子高齢化による人口構造の変化により、減少する現役世代が、増え続ける介護需要を支えていかなければなりません。介護人材も国の財政の負担力にも限りがあり、高齢者介護の環境・条件は今よりいっそう厳しくなることが予想されます。施策の機動的な見直しを継続し、持続可能な高齢者介護のあり方を追求していく必要があります。

　本書では「五方よし」の考え方を提案しました。これは、要介護者、ケアラー（家族介護者）、介護職員、地域・国、次世代の人々が、それぞれ最高の満足を得るのは非常に難しいため、他とのバランスを考慮しながら、過不足のない効率的な介護を目指していくものです。誰もが納得できる「五方よし」の実現のためにも、私たちは今まで以上に高齢者介護について学び、目先の損得だけにとらわれず、正しい知識と深い認識を持って、自分たちの未来を決めていく必要があると考えます。

　二つ目、今後の私たちの生活を、そして日本という国を持続可能なものとしていくためには、あらゆる分野において、生産性の向上（業務効率の向上）が不可欠です。十六総合研究所の過去の調査から、地域公共交通や地域医療の分野においても、生産性の向上により、少ない人手でも今まで以上のサービスを継続していくことが重要という結論に達しています。高齢者介護においても、同様に生産性の向上が喫緊の課題であり、「分業とタスクシフティング」や「介護テクノロジーの利用」は、介護事業を継続していくためには不可欠な経営戦略と考えられます。ただしこれらの取り組みは、単なる業務合理化やコスト削減というだけではなく、同時に介護の質の向上や介護職員の処遇改善を実現するものでなければなりません。

三つ目、私たちは、すべての人がお互いの人権や尊厳を大切にし、支え合い、誰もが生き生きとした人生を送ることができる「共生社会」の実現を目指すことが大切です。認知症になる人が増え続けていますが、認知症になっても、その人がその人でなくなるわけではありません。認知症の人の権利を擁護することの大切さを認識し、人としての尊厳を守っていかなければなりません。また、これからの高齢者介護は、外国人介護人材なしでは維持が困難です。海外から意欲ある介護人材に日本に来ていただき、ぜひとも定着していただきたいと考えます。

　しかし、私たちには、介護問題を抱えている家庭、認知症の人や外国人との間に無意識のうちに境界線を引いてしまい、自分と同じ「地域で暮らす仲間」という意識が、ともすると希薄になりがちな一面もあるように感じます。多様性を尊重し、今まで以上にお互いを理解し、その地域に住むあらゆる人たちが、共に地域を支え盛り上げていく、共に住み心地の良い地域を創っていくという意識を持つことが大切です。また、介護離職などにより社会との接点が減り、要介護者を抱えた家庭が社会から孤立してしまうようなケースでは、地域の人々による支援が重要になります。介護という営みは、人間の尊厳と社会の連帯を象徴する取り組みであり、そのあり方は、社会の成熟度を示していると言えるのかもしれません。

　私たちは、労働力の減少と財政的な制約の中で、介護保険制度を含む社会保障制度を、今後も持続可能にするための道を模索していかなければなりません。報道などで「給付の適正化」「利用者負担の見直し」といった言葉を耳にすると、「サービス水準の低下」を意識しがちですが、真に必要なサービスを見極め、介護システムの効率化を進めるという観点から、そうした施策の意義と必要性を客観的に捉えていくことも大切だと思います。私たち一人ひとりが高齢者介護を「自分ごと」として捉え、関心を持ち、認識を深めていくこと、そして介護保険だけに十分な介護の保証を期待するのではなく、社会の効率を高めつつ、自身の努力（自助）やインフォーマルな支え合い（互助）の力も合わせて、真の共生社会をめざして進むことが、持続可能な高齢者介護の、ひいては持続可能な地域社会の実現につながるのではないかと考えます。

　誰もが安心して歳をとり、人としての尊厳を保って最期まで自分らしく生きられる地域を、共に創っていきましょう。私たちの取り組みは、自分たちだけでなく、日本に続いて高齢化が進む諸外国の人々にも、明るい未来への期待を提供できることでしょう。

　最後に、本書作成にあたり、介護についての専門的な知識がなかった私どもに対して、終始ご指導、ご助言をいただいた、中部学院大学人間福祉学部の飯尾良英教授に、また、ご多忙中にもかかわらず、インタビューにご協力いただいた介護・医療・行政関係者の皆さまに、この場をお借りして心より御礼を申し上げます。

2025 年 4 月

株式会社 十六総合研究所

主任研究員　小島　一憲

参考文献

第1章

家高将明、秦康宏　「高齢者福祉」　ミネルヴァ書房（2022）
国立社会保障・人口問題研究所　「人口ピラミッド」
　https://www.ipss.go.jp/
内閣府　「令和6年版高齢社会白書」
　https://www8.cao.go.jp/kourei/whitepaper/w-2024/zenbun/pdf/1s1s_01.pdf
厚生労働省　「介護職員数の推移の更新（令和5年分）について」（2024年12月25日）
　https://www.mhlw.go.jp/stf/newpage_47882.html
岐阜県　「第9期岐阜県高齢者安心計画」（令和6年度～令和8年度）
　https://www.pref.gifu.lg.jp/page/353149.html
結城康博　「介護職がいなくなる」　岩波書店（2019）
武藤正樹　「2040年-医療&介護のデッドライン」　医学通信社（2019）
厚生労働省　「令和5年度介護給付費等実態統計の概況」
　https://www.mhlw.go.jp/toukei/saikin/hw/kaigo/kyufu/23/index.html
厚生労働省　「令和4年度介護保険事業状況報告」
　https://www.mhlw.go.jp/topics/kaigo/osirase/jigyo/22/index.html
財務省　「財政制度分科会　社会保障」（参考資料）（令和6年11月13日）
　https://www.mof.go.jp/about_mof/councils/fiscal_system_council/sub-of_fiscal_system/proceedings/material/zaiseia20241113/02.pdf
厚生労働省　「給付と負担について」
　https://www.mhlw.go.jp/stf/newpage_21509.html
経済産業省　「仕事と介護の両立支援に関する経営者向けガイドライン」（令和6年3月）
　https://www.meti.go.jp/policy/mono_info_service/healthcare/kaigo/main_20240326.pdf
結城康博　「介護破産」　KADOKAWA（2017）
厚生労働省　「介護保険の解説」
　https://www.kaigokensaku.mhlw.go.jp/commentary/
公益財団法人生命保険文化センター　「2024年度　生命保険に関する全国実態調査」（2025年1月）
　https://www.jili.or.jp/files/research/zenkokujittai/pdf/r6/2024honshiall.pdf
厚生労働省　「特別養護老人ホームの入所申込者の状況」（プレスリリース）
三菱UFJリサーチ＆コンサルティング　「特別養護老人ホームの入所申込者の実態把握に関する調査研究」
　https://www.murc.jp/wp-content/uploads/2023/04/koukai_230420_16.pdf
杵渕洋美　「高齢者の理解と関わり方に関する授業・活動の実態と課題　-小・中学校教員対象全国調査から-」（2022）
　https://www.jstage.jst.go.jp/article/kers/49/0/49_37/_pdf
厚生労働省　「令和5年版厚生労働白書」
　https://www.mhlw.go.jp/wp/hakusyo/kousei/22/dl/1-02.pdf
厚生労働省　「地域ケア会議の概要」
　https://www.mhlw.go.jp/content/12300000/001236582.pdf
高橋紘士　「地域包括ケア時代の地域包括支援センター」　オーム社（2021）

第3章

三菱UFJリサーチ&コンサルティング　「地域包括ケア研究会 報告書 -2040年に向けた挑戦-」（2016）
　https://www.murc.jp/wp-content/uploads/2022/11/h28_01.pdf
厚生労働省　「「人生会議」してみませんか」
　https://www.mhlw.go.jp/content/10802000/000536088.pdf
厚生労働省　「2022（令和4）年　国民生活基礎調査」
　https://www.mhlw.go.jp/toukei/saikin/hw/k-tyosa/k-tyosa22/index.html
厚生労働省　「令和4年度「高齢者虐待の防止、高齢者の養護者に対する支援等に関する法律」に基づく対応状況等に関する調査」　https://www.mhlw.go.jp/stf/houdou/0000196989_00025.html
厚生労働省　「地域包括システム　地域包括支援センターについて」
総務省自治行政局市町村課　「自治会等に関する市区町村の取組にアンケート」
　https://www.soumu.go.jp/main_content/000799144.pdf
公益財団法人介護労働安定センター　「令和5年度介護労働実態調査」
　https://www.kaigo-center.or.jp/report/jittai/
厚生労働省　「介護の仕事 job tag」（職業情報提供サイト）
　https://shigoto.mhlw.go.jp/User/OccupationsLongTermCare
厚生労働省　「外国人労働者の受入れの政府方針等について」
　https://www.mhlw.go.jp/content/12000000/001240343.pdf
公益社団法人日本介護福祉士会　「外国人介護職員活躍のためのガイドブック」
　https://www.jaccw.or.jp/R5guidebook.pdf

厚生労働省　「外国人介護人材の業務の在り方に関する検討会　中間まとめ」（2024年6月26日）
　https://www.mhlw.go.jp/content/12000000/001268144.pdf
大塩まゆみ、奥西英介　「高齢者福祉第3版」　ミネルヴァ書房（2018）
九州大学　「認知症及び軽度認知障害の有病率調査並びに将来推計に関する研究報告書」
　https://www.eph.med.kyushu-u.ac.jp/jpsc/uploads/resmaterials/000000111.pdf?1715072186
一般社団法人日本認知症ケア学会　「改訂5版認知症ケアにおける社会資源」　株式会社ワールドプランニング（2018）
厚生労働省　「成年後見制度の現状」（2024年4月）
　https://www.mhlw.go.jp/content/001102138.pdf
最高裁判所事務総局家庭局　「成年後見関係事件の概況」（令和5年1月～12月）
　https://www.courts.go.jp/toukei_siryou/siryo/kouken/index.html
鈴木雅人　「認知症700万人時代の失敗しない「成年後見」の使い方第2版」　株式会社翔泳社（2023）
杉谷天子　「認知症の親の介護に困らない「家族信託」の本」　株式会社大和出版（2018）
島田雄左　「家族信託の教科書第3版」　株式会社税務経理協会（2022）
厚生労働省　「育児・介護休業法について」
　https://www.mhlw.go.jp/stf/seisakunitsuite/bunya/0000130583.html
厚生労働省　「育児・介護休業法改正のポイント」
　https://www.mhlw.go.jp/content/11900000/001259367.pdf
公益財団法人 介護労働安定センター　「令和4年度介護労働実態調査　事業所における介護労働実態調査」
　https://www.kaigo-center.or.jp/content/files/report/2023r01_chousa_jigyousho_kekka.pdf
中部学院大学　「令和6年度外国人介護人材の受入れに関する実態調査」
　https://www.pref.gifu.lg.jp/page/326537.html
厚生労働省　「介護テクノロジー利用の重点分野の全体図と普及率」
　https://www.mhlw.go.jp/stf/juutenbunya_r6kaitei_00001.html
齋藤直路　「介護事業DX」　秀和システム（2022）
川西秀徳　「超高齢社会における「老い」のあり方と「介護」の本質」　ミネルヴァ書房（2021）
厚生労働省　「生産性向上ポータルサイト」
　https://www.mhlw.go.jp/kaigoseisansei/
府中市HP
　https://www.city.fuchu.tokyo.jp/kenko/korenokata/kaigoyobo/minncharehureiruyobou.html
東員町HP
　https://www.town.toin.lg.jp/soshiki/1010/1/1/2/1183.html
厚生労働省　「認知症施策推進基本計画」
　https://www.mhlw.go.jp/content/001344090.pdf

その他参考文献

神田将　「生活保護の受け方がわかる本」　自由国民社（2019）
結城康博　「押さえておきたい介護保険・高齢者福祉」　ぎょうせい（2021）
宮城孝　「地域福祉と包括的支援システム」　明石書店（2021）
高山善文　「介護の現場と業界のしくみ」　ナツメ社（2019）
能本守康　「訪問介護で「できること」「できないこと」」　ワンダーウェルネス（2024）
齊藤紀子　「市民による訪問型生活支援サービス」　学事出版（2021）
柴谷匡哉　「施設長たいへんです、すぐ来てください！」　飛鳥新社（2022）
宇多川ちひろ　「誰も書かなかった介護現場の実態」　彩図社（2021）
白木裕　「居宅介護支援事業所のための管理・運営ハンドブック」　中央法規出版（2021）
太田差惠子　「高齢者施設お金・選び方・入居の流れがわかる本」　翔泳社（2019）
東海通信社　「在宅介護&高齢者ホームのすべて 2023」（2022）
小嶋勝利　「間違いだらけの老人ホーム選び」　プレジデント社（2021）
濱田孝一　「高齢者住宅バブルは崩壊する」　花伝社（2022）
木場猛　「働く×介護両立の教科書」　日経BP（2023）
坪田康佑　「老老介護で知っておきたいことのすべて」　アスコム（2023）
濱田孝一　「介護離職はしなくてもよい」　花伝社（2020）
川上由里子　「これで安心!働きながら介護する」　技術評論社（2019）
豊田眞弓　「親の入院・介護が必要になるときいちばん最初に読む本」　アニモ出版（2019）
川内潤　「もし明日、親が倒れても仕事を辞めずにすむ方法」　ポプラ社（2018）
協同福祉会　「認知症になってもひとりで暮らせる」　クリエイツかもがわ（2019）
山崎宏　「誰も教えてくれない"老老地獄"を回避する方法」　ごま書房新社（2016）
宮本剛宏　「介護危機」　プレジデント社（2017）
日本介護福祉士会　「介護福祉士がすすめる多職種連携」　中央法規出版（2018）
小濱道博　「これならわかる＜スッキリ図解＞LIFE科学的介護情報システム」　翔泳社（2023）

これからの高齢者介護

十六総合研究所　提言書

発行日	2025 年 4 月 22 日
取材・文章	株式会社十六総合研究所　小島一憲
編著	株式会社十六総合研究所　編集委員会 〒500-8833　岐阜県岐阜市神田町 7 丁目 12 TEL：058-266-1916 https://www.16souken.co.jp/
発行	株式会社岐阜新聞社　読者局出版室 〒500-8822　岐阜県岐阜市今沢町 12　岐阜新聞社別館 4 階 TEL：058-264-1620（出版室直通）
印刷・製本	株式会社太洋社

@Juroku Research Institute Company Limited, 2025
Printed in Japan.
ISBN 978-4-87797-345-2

- 万一乱丁・落丁本がありましたらお取り替えいたします。
- 価格はカバーに表示しています。
- 本書におけるコンテンツ（情報、資料、画像等）の著作権およびその他の権利は、当社または当社に使用を認めた権利者に帰属します。
- 本書掲載記事および写真の無断使用を禁じます。本書のコピー、スキャン、デジタル化などの無断複製は、著作権法上での例外を除き禁じられています。本書を代行業者などの第三者に依頼してスキャンやデジタル化することは、たとえ個人や家庭内の利用であっても著作権法上認められません。
- 当社は細心の注意を払って本書に各種情報を掲載していますが、その妥当性や正確性について保証するものではありません。
- 本文中に記載した組織名称、肩書などは、取材・インタビュー実施日時点のものです。